Georg Bergler – Markenartikel

Georg Bergler

Der chemisch-pharmazeutische Markenartikel

Darstellung des Wesens, der Absatzformen und des Kampfes um den Markt

Dissertation 1931, gedruckt 1933
G·E·M Reprint, Wiesbaden 2006

G·E·M Reprint

© Copyright 2006
G·E·M Gesellschaft zur Erforschung des Markenwesens e.V., Wiesbaden

Alle Rechte, auch die des auszugsweisen Nachdrucks,
der Vervielfältigung, der Mikroverfilmung, der Einspeicherung und
Verbreitung in elektronischen Systemen sowie der Übersetzung sind
vorbehalten.

132 Seiten
Druck: Druckerei Chmielorz GmbH, Wiesbaden
Printed in Germany

ISBN 3-980 9657-3-2

Inhalt

Vorwort zum G·E·M Reprint   2006/7
Georg Bergler und der Markenartikel   2006/8

Reprint
Georg Bergler:
Der chemisch-pharmazeutische Markenartikel.
Darstellung des Wesens, der Absatzformen und des Kampfes um den Markt

Inhaltsverzeichnis	III
Einleitung	V

I. Begriff und Wesen des Markenartikels   1
A. Historischer Überblick über die Entwicklung des Markenartikels   1
B. Der Begriff des Markenartikels   8
    a) Begriffsbildung durch die Praxis, insbesondere durch den Markenschutzverband   8
    b) Der Begriff des Markenartikels in der wissenschaftlichen Literatur   11
    c) Festlegung einer allgemeinen Begriffsbestimmung   15
C. Das Wesen des Markenartikels   19
    a) Der Markenartikel ein Geschöpf der Produzenten?   19
    b) Das Preisproblem beim Markenartikel   21
    c) Die Wirkungen der Mode und des Geschmacks auf den Markenartikel   38
    d) Die wirtschaftliche Bedeutung des Markenartikels   44

II. Der chemisch-pharmazeutische Markenartikel und sein Markt   50
A. Der chemisch-pharmazeutische Markenartikel   50
    a) Entstehung aus der Rezeptur des Apothekers   50
    b) Das Wesen des chemisch-pharmazeutischen Markenartikels   51

B. Produktion und Absatz des chemisch-pharmazeutischen Markenartikels ... 52
   a) Die chemisch-pharmazeutische Markenartikelindustrie und ihre Maßnahmen ... 52
      1. Industrie der Heil- und Vorbeugungsmittel im weitesten Sinne ... 52
      2. Kosmetische Industrie ... 56
      3. Technische Pharmazeutika ... 58
   b) Die Vertriebsorganisation ... 59
      1. Der Großhandel ... 59
      2. Der Detailhandel ... 61
         α) Die Apotheke ... 61
         β) Die Drogerie ... 63
         γ) Die angrenzenden Branchen ... 66
C. Der Markt für den chemisch-pharmazeutischen Markenartikel ... 68

III. Der Kampf um den Markt ... 74
  A. Die Widerstände des Fachhandels gegen den Markenartikel und deren Bekämpfung durch die Hersteller ... 74
  B. Die Abwanderungstendenzen des chemisch-pharmazeutischen Markenartikels ... 81
   a) Das Streben nach einer breiteren Absatzbasis ... 81
   b) Das Streben des Markenartikels im allgemeinen nach Nutzbarmachung der pharmazeutischen Verteilerorganisation ... 83
   c) Die Bemühungen der Verteiler gegen das Abwandern ... 85
      1. Gegen die Abwanderung aus den Apotheken ... 85
      2. Gegen die Abwanderung aus den Fachgeschäften ... 88
  C. Die Schaffung von Hausmarken ... 90
   a) Schaffung von Hausmarken durch Händler im Kampf gegen die Produzenten ... 91
   b) Schaffung von Hausmarken durch Produzenten im Einklang mit den Verteilern ... 92

Zusammenfassung ... 94
Literaturverzeichnis ... 96
Lebenslauf ... 98

Georg Bergler: Veröffentlichungen zum Markenartikel (1928–1970)   2006/15
Georg Bergler: Fotos   2006/16
Veröffentlichungen der G·E·M   2006/24

Vorwort

73 Jahre nach der Erstveröffentlichung von Georg Berglers Dissertation »Der chemisch-pharmazeutische Markenartikel. Darstellung des Wesens, der Absatzformen und des Kampfes um den Markt« legt die G·E·M Gesellschaft zur Erforschung des Markenwesens e.V. diese wegweisende Arbeit zum Markenartikel als Reprint erneut dem Fachpublikum vor.

Die Frage nach dem Warum und der Aktualität eines Reprints aus der frühen Zeit des Markenartikels – nicht nur des chemisch-pharmazeutischen Markenartikels – bedarf der Erklärung.

Das Wesen der Marke zu deuten, bestenfalls zu erklären, ist die Aufgabe der G·E·M. In dem weit über 50jährigen Bemühen, dies zu leisten, konnte festgestellt werden, dass wesentliche Merkmale der Marke ein hohes Maß an Beständigkeit besitzen, die nicht im Rhythmus von Dekaden oder ständig wechselnden Marketing-Philosophien ihre Gültigkeit verlieren. Diesen stabilen, eher im soziologischen und massenpsychologischen Bereich der Marke liegende Wesensanteil zu kennen, ist für denjenigen, dem Marken-Verantwortung obliegt, von großer Bedeutung.

Beim aufmerksamen Lesen dieser Arbeit und ständiger Reflexion des aktuellen Ist-Zustandes wird der Leser immer wieder Hinweise darauf erhalten, was sich in fast 75 Jahren nicht oder nur marginal verändert hat. Dieser sich selbst zu erarbeitende Erkenntnisschatz macht den Wert und die Sinnhaftigkeit dieses Reprints aus.

Es ist Wolfgang K.A. Disch, Kuratoriumsmitglied der G·E·M, zu verdanken, dass dieser Reprint in der vorliegenden Form ermöglicht wurde. Er hat nicht nur die sehr seltene Originaldissertation aufgefunden, sondern auch umfangreiche Recherchen zum Leben und Wirken Georg Berglers für den Markenartikel durchgeführt und dokumentiert.

Peter-Michael Thom
1. Vorsitzender der G·E·M

Georg Bergler und der Markenartikel

Georg Bergler war ein **Pionier**. Pionier auf zwei Gebieten, die uns heute als so selbstverständlich erscheinen. Zum einen auf dem damals noch wenig erforschten Gebiet »**Markenartikel**«, zum anderen in der seinerzeit noch unbekannten Disziplin »**Markt- und Verbrauchsforschung**«. Dieser Beitrag handelt vom Markenartikel.

Georg Bergler wurde am 18. Juli **1900** in Lohr am Main geboren, war Kaufmannslehrling und Kaufmannsgehilfe bei der »Eisengießerei Nürnberg-Mögeldorf Gebr. Decker« (1915–1921, unterbrochen durch Kriegsdienst), studierte (ohne Abitur gemacht zu haben) an der Handelshochschule Nürnberg Betriebswirtschaftslehre (1921–1924 und 1926–1927), schloss 1927 als Diplomkaufmann ab.

Bereits am 15. Februar **1925** war Bergler als Angestellter in die Dienste des Unternehmens »**Dr. C. Soldan GmbH**«, **Nürnberg**, eingetreten. Als Geschäftsbetrieb wird damals Fabrikation pharmazeutischer Präparate und Spezialbonbonfabrik angeführt; als »Sonderheiten« werden später auf dem Briefbogen »Em-eukal« und »Bayr. Blockmalz« genannt.

Im Jahre 1923 hatte der Apotheker Dr. Carl Soldan eine Erfindung gemacht: das Hustenbonbon »Em-eukal« (Eukalyptusöl und Menthol). 1925 folgten Em-eukal Hustenbonbons als »extra starke Eukalyptus-Bonbons«. Um die Em-eukal Hustenbonbons vor Nachahmungen zu schützen, erhielten diese ein besonderes Erkennungsmerkmal: ein Fähnchen mit dem Aufdruck »Nur echt mit dieser Fahne!«. Das Fähnchen sollte es ferner insbesondere Bergleuten ermöglichen, »Em-eukal«-Hustenbonbons in den Mund zu stecken, ohne diese mit schmutzigen Händen anzufassen.

Um das Fähnchen ranken sich einige Geschichten, schrieb mir Perry Soldan, Urenkel des Firmengründers, doch leider konnte keine bestätigt werden. Wahrscheinlich ist, dass die Idee des Fähnchens aus der engen Zusammenarbeit des erfahrenen Apothekers Dr. Carl Soldan mit dem jungen Ökonomen Georg Bergler erwachsen ist. Dies hat mir Rolf Bergler, Georg Berglers Sohn, den ich Mitte Juli dieses Jahres in Nürnberg besuchte, berichtet. Von ihm habe ich

---

Georg Bergler am 19. Juli 1965

viele Details zum Leben und Wirken seines Vaters erfahren.

Die acht Jahre (1925 bis 1932) bei der Firma Carl Soldan, für die er am 15. September 1927 Einzelprokura erhält, waren für Georg Bergler ein sehr fruchtbares Erfahrungs- und Erkenntnisfeld.

1928 veröffentlicht Dipl.-Kfm. Georg Bergler in der »Zeitschrift für Betriebswirtschaft« einen Beitrag »Das Marktproblem für die pharmazeutischen Artikel«, in dem er die Marktparteien – Fabrikanten einerseits sowie Apotheker und Drogisten andererseits – behandelt. Hier formuliert er:
»Daß die Fabrikation im großen und auf Vorrat überhaupt erst möglich wurde, dazu war es notwendig, ganz andere Wege einzuschlagen, als sie der Apotheker in seinem Laboratorium gegangen war. **Es darf wohl angenommen werden, daß in der chemisch-pharmazeutischen Industrie der Markenartikel geboren wurde.** Eine reizvolle Aufgabe wäre es, dem Werden des pharmazeutischen Markenartikels weiter nachzugehen. Wir müssen es uns hier leider versagen.« Ende 1931 legt Georg Bergler zu diesem Thema seine Dissertation vor.

1930 erscheint in der »Zeitschrift für Betriebswirtschaft« ein weiterer Artikel: »Zusammenhänge zwischen Beschaffung und Absatz bei pharmazeutischen Markenartikeln«.
Hier schreibt Bergler: »Der Markenartikel ist ein Kind des Kapitalismus. Der Bedarf wird nicht gesucht, sondern planmäßig geweckt (Reklame).« Als Beweis führt er »die schlagartige Eroberung des Marktes durch die Elida-Präparate« an. Und: »Auf dem Gebiet der Hustenmittel verstand es eine süddeutsche Firma, aus den in Dutzenden von Betrieben hergestellten Eucalyptus-Menthol-Hustenbonbons **einen nur ihr eigentümlichen Markenartikel ›Em-eukal‹ zu schaffen,** der seitdem führend geblieben ist.«
Bergler hält fest: »**Mit ein wesentliches Erfordernis des Markenartikels ist es, daß er in stets gleichbleibender, nur ihm eigentümlicher Aufmachung und Verpackung auf dem Markte erscheint.**«

Viele Beiträge zum Thema »Markenartikel« folgen. Ein umfassendes Verzeichnis »**Georg Bergler: Veröffentlichungen zum Markenartikel (1928-1970)**« findet sich als Anhang.

Georg Bergler ist weiterhin bei Dr. C. Soldan in Nürnberg beschäftigt; parallel arbeitet er an seiner **Dissertation**, die er **1931** bei Prof. Dr. Wilhelm Rieger an der Universität Tübingen vorlegt:

Der chemisch-pharmazeutische Markenartikel.
Darstellung des Wesens, der Absatzformen und des Kampfes um den Markt

Am 31. Dezember 1932 scheidet Dr. Georg Bergler aus der Firma Dr. Carl Soldan in Nürnberg aus. Eine Vielzahl von Artikeln erscheint in Zeitschriften, auch des Geldverdienens wegen, wie mir sein Sohn erzählt.

1933 lässt Bergler seine Dissertation (leicht aktualisiert) drucken. Eine Wirkung bleibt nicht aus. Dr. Georg Bergler wird Mitglied der Geschäftsführung des **Reichsverbandes der pharmazeutischen Industrie,** geht mit Ehefrau Marie und Sohn Rolf nach Berlin, wo er von Ende 1933 bis Anfang 1936 wirkte.

Im Frühjahr 1934 kommt der Berliner Werbeberater **Hanns W. Brose** in Berglers Büro und bittet ihn um Durchsicht des Manuskripts für seine kurz vor dem Druck stehende Schrift »Götterdämmerung des Markenartikels? Neue Wege zu neuen Käufern«. Bergler kommentiert nicht nur das Manuskript, er widmet dem Buch eine sechsseitige Besprechung in der Zeitschrift »Die deutsche Fertigware«. Aus der Berliner Begegnung wird eine lang anhaltende Freundschaft.

Die Beschäftigung mit dem Markenartikelwesen hat Georg Bergler auch fortgesetzt, nachdem er **1936** von seinem Hochschullehrer **Wilhelm Vershofen** in den Vorstand und die Geschäftsführung des »Institut für Wirtschaftsbeobachtung der deutschen Fertigware« und der jungen »Gesellschaft für Konsumforschung« in Nürnberg gerufen wurde. Für Bergler öffnet sich **das zweite Gebiet, auf dem er Pionierarbeit leistete: die Markt- und Verbrauchsforschung.** Seinem unablässigen Bemühen ist es zu verdanken, dass die »Gesellschaft für Konsumforschung« nach dem Zweiten Weltkrieg im Frühjahr 1950 zum zweiten Mal erstand; Georg Bergler wird Geschäftsführender Vorstand, 1955 Vorstandsvorsitzender der GfK.

1959 erscheint im »Handwörterbuch der Sozialwissenschaften« von Georg Bergler der Beitrag **»Markenartikel«.** Er gliedert in fünf Kapitel: Entstehung und Geschichte des Markenartikels; Wesen und Begriff des Markenartikels; Markenartikel als Absatzsystem; Gestaltwandel des Markenartikels; Verbreitungsgebiet des Markenartikels.

Zu diesem Beitrag schreibt **Wilhelm Vershofen** in der Festschrift »Der Mensch im Markt« zum 60. Geburtstag von Georg Bergler (1960): »Georg Bergler hat schon im Jahre 1933 sein Buch über den ›Chemisch-pharmazeutischen Markenartikel‹ veröffentlicht. Er hat dieser ersten Publikation eine lange Reihe weiterer folgen lassen, bis schließlich vor kurzem sein Beitrag ›Markenartikel‹ im ›Handwörterbuch der Sozialwissenschaften‹ erschienen ist. Er hat sich damit als der führende Forscher auf diesem Gebiet noch einmal legitimiert. ... Entscheidend ist aber – und das hat Bergler zuerst erkannt und nachgewiesen **– daß es sich bei dem Markenartikel um ein besonderes System des Absatzes handelt.«**

Die **Tätigkeit als Lehrer** begann für Dr. Georg Bergler mit einem Lehrauftrag für

Verbrauchsforschung an der Hochschule für Wirtschafts- und Sozialwissenschaften in Nürnberg (1938-1939). Der Lehrauftrag wurde 1946 im Umfang eines Lehrstuhls wieder aufgenommen. Zum Ordentlichen Professor für Betriebswirtschaftslehre – insbesondere für Absatzforschung, Verbrauchsforschung und Werbelehre – wurde Bergler **1948** berufen. Über seine **Antrittsvorlesung** reflektiert er in seiner **Abschiedsvorlesung** als Ordinarius für Betriebswirtschaftslehre an der Wirtschafts- und Sozialwissenschaftlichen Fakultät der Friedrich-Alexander-Universität Erlangen-Nürnberg am 28. Juli **1966**:

»Kaum hatte ich meine erste Vorlesung hinter mir, war die Kritik schon da. Sie war so eifrig, daß es schien, sie wäre schon fertig gewesen, bevor ich an die Ausarbeitung meiner ersten Vorlesung ging. **Die Vorlesung beschäftigte sich mit dem Markenartikel**, und die Kritik hatte dazu lapidar zu bemerken: Mit Markenartikeln allein kann man einen betriebswirtschaftlichen Lehrstuhl nicht bestreiten. ... Die Erscheinung Markenartikel hat mich tatsächlich immer wieder intensiv beschäftigt, in den ersten Jahren nach meiner Promotion fast ausschließlich. Sie war das Thema meiner Dissertation. Als ich später auf diesen Lehrstuhl berufen wurde, den ich nun verlasse, zeigte sich mir, daß in dem kleinen Thema Betriebswirtschaftslehre des Markenartikels das viel größere einer Absatzwirtschaftslehre enthalten war. So kommt es, daß nicht nur meine erste Vorlesung als Hochschullehrer eine über den Markenartikel war, sondern daß eine solche an einer deutschen Hochschule überhaupt zum ersten Male gehalten wurde. Ich könnte nicht behaupten, daß ich damit viel Aufsehen erregt hätte. Aber darauf kann es ja nicht ankommen. Immerhin haben mich daraufhin die Studenten auf ein paar Jahre hinaus mit einem liebevollen Spitznamen bedacht (Anmerkung: **Marken-Bergler** und **Marken-Schorsch**). Eines wird meinen letzten Studenten jetzt klarer sein: warum ich dem Thema Markenartikel nicht mehr soviel Aufmerksamkeit schenken wollte wie in jenen früheren Jahren.«

Doch **1969** kommt beim Verlag F. Bruckmann in München ein 241 Seiten umfassender Text- und Bildband heraus, der das Leben eines großen Markenartikels in einer Weise beschreibt, wie sie nur einem Manne möglich ist, der sich 45 Jahre in Wirtschaftspraxis sowie Markt- und Verbrauchsforschung mit dem Absatz von Markenartikeln beschäftigt hat. In diesem späten Werk hat Georg Bergler alle die Bereiche berührt, die ihn in seiner Wirtschaftspraxis, seiner Forschung und Lehre interessiert und beschäftigt haben. Bergler hat dieses Werk Rudolf Asbach zugeeignet:
»Werben ist eine Kunst. Geschichte und Gestalt der Werbung für einen klassischen Markenartikel: Asbach Uralt«.

Am Beispiel »Asbach Uralt« beschreibt Bergler – unterlegt mit über einhundert Abbildungen aus der Asbach-Werbung –

höchst anschaulich **das Werden eines Markenartikels**: Ein Markenartikel wird geboren. Die Werbung sucht ihren eigenen Stil. Vater und Sohn suchen die rechte Gestalt der Asbach »Uralt«-Werbung. Die neue Welt der Asbach-Werbung. Rudolf Asbach sucht den rechten Werbeberater (Anmerkung: es wird Hanns W. Brose). Der Durchbruch zum erstrebten Werbestil. Erich Wohlfahrt führt die Linie fort (1950-1962). Das Haus Asbach gestaltet die Werbung ohne Werbeberater. Der zweite Werbestil. Werbung schafft den neuen Markenartikel.

Im Abschnitt »Werbung schafft den neuen Markenartikel« schreibt Bergler: »Schon Anfang der dreißiger Jahre wollte der Schreiber **Markenartikel als Absatzsystem und nicht nur als Ware besonderer Art** gesehen wissen. Erst seit etwa 1950 ist dieser Vorschlag von weiteren Kreisen, insbesondere der Markenartikelwirtschaft, aufgenommen worden. Wir sind heute erst recht der Meinung, daß damit in der lang anhaltenden wirtschaftspolitischen Diskussion über diese Erscheinung manche Klarheit geschaffen werden könnte. **Asbach Uralt ist ein echter Markenartikel**, das kann nicht bestritten werden, und muß sich daher auch an die Spielregeln des dafür notwendigen Absatzsystems halten. An seiner Entwicklung von der Marke bis zu seiner unbestrittenen Führerschaft von heute läßt sich recht eindrucksvoll demonstrieren, was alles unternommen werden mußte und daß eigentlich auch keine andere Wahl des Handelns bestand.«

Georg Bergler schließt sein Werk mit den Worten:
»Der Chronist legt die Feder aus der Hand. Er weiß nicht, ob ihm gut oder schlecht geraten ist, was er schildern wollte. Eines ist ihm ganz klar geworden, je länger er an seinem Schreibtisch saß und der Geschichte der Asbach-Werbung nachging: sie lobt ihren Meister. Rudolf Asbach ist in ihr besser zu erkennen als durch eine noch so gutgemeinte Laudatio.«

Am 4. März **1972** stirbt Prof. Dr. Georg Bergler im Alter von 71 Jahren in Nürnberg. Geblieben sind uns **seine Veröffentlichungen**. Die im Anhang dieses Buches aufgeführten Veröffentlichungen zum Thema »Markenartikel« und die vielen anderen, die sich mit Fragen zur Ausbildung von Kaufleuten und Marktforschern, der Entwicklung der Absatz- und Verbrauchsforschung, dem Menschen im Markt, der Werbung, den Wirkungen der Mode, Unternehmern sowie Forschern und ihren Werken befassen. **Sie alle loben bei jeder Lektüre ihren Meister – Georg Bergler.**

2006, am 15. September, wird erstmalig der **»Georg-Bergler-Preis für Absatzwirtschaft«** verliehen. Die Auszeichnung, die von der Verlagsgruppe Handelsblatt und der Fachzeitschrift Absatzwirtschaft zusammen mit dem GfK-Nürnberg e.V. vergeben wird, würdigt die Arbeiten von Buchautoren im Themenkreis der marktorientierten Unternehmensführung, die wissenschaftliche Erkenntnisse aus Marketing und dem Bereich Absatzwirtschaft besonders anschaulich, praxisnah und wegweisend dargestellt haben. Der Georg-Bergler-Preis soll künftig alle zwei Jahre vergeben werden.

Ebenfalls am 15. September 2006 übergibt die »G·E·M Gesellschaft zur Erforschung des Markenwesens e.V.« den hier vorliegenden **Reprint** der Fachöffentlichkeit. **Georg Berglers** Dissertation: **»Der chemisch-pharmazeutische Markenartikel. Darstellung des Wesens, der Absatzformen und des Kampfes um den Markt«.**

In Vorstand und Kuratorium der »G·E·M« ist man der Überzeugung, dass Georg Bergler in seinem frühen Werk **grundlegende Erkenntnisse zum Markenartikel so klar und überzeugend beschrieben hat**, dass diese unbedingt wieder zugänglich gemacht werden sollten. Ist doch der Erstdruck aus 1933 nur äußerst selten noch erhältlich.

Georg Bergler hat **vor 75 Jahren** in der von ihm sein ganzes Leben gepflegten klaren Sprache analysiert und notiert, was das Wesen des Markenartikels ausmacht. Bei der Lektüre heute hat man immer wieder den Eindruck, der Autor hätte sein Buch gerade eben erst geschrieben.

Berglers Themen:
Der Markenartikel ein Geschöpf des Produzenten? Das Zwangsläufige in seinen Entwicklungslinien. Das Preisproblem beim Markenartikel. Die Widerstände des Fachhandels gegen den Markenartikel und deren Bekämpfung durch die Hersteller. Die Abwanderungstendenzen des Markenartikels aus den angestammten Handelskanälen. Die Bemühungen des Fachhandels gegen das Abwandern. Die Schaffung von Hausmarken durch Händler im Kampf gegen Produzenten sowie durch Produzenten im Einklang mit den Händlern. Die wirtschaftliche Bedeutung des Markenartikels. Der Markenartikel und seine Folgewirkungen.

Berglers Botschaft:
»Der Gang unserer Untersuchung hat uns gezeigt, **daß die Vertriebsform einer Ware als Markenartikel den Wünschen und Bedürfnissen des Konsumenten in glücklicher Weise entspricht.** Der Konsument wünscht, daß sich seine Verbrauchsgüter der Wandlung seiner geistigen Einstellung zur Umwelt anpassen. Die Markenartikel haben es getan. Der Mensch von heute ist selbstbewußter, als Käufer schneller und entschlossener als der von 1913. Er hat es eiliger, mindestens gibt er vor, keine Zeit zu haben – auch das gehört zum Lebensstil von heute. In allem kommt ihm der Markenartikel entgegen.«

Dieser G·E·M Reprint »Georg Bergler: Der chemisch-pharmazeutische Markenartikel. Darstellung des Wesens, der Absatzformen und des Kampfes um den Markt« erfolgt mit freundlicher Genehmigung von Rolf Bergler, Georg Berglers Sohn.

Wolfgang K.A. Disch

Der chemisch-pharmazeutische Markenartikel

Darstellung des Wesens, der Absatzformen
und des Kampfes um den Markt

INAUGURAL-DISSERTATION

zur Erlangung
der wirtschaftswissenschaftlichen Doktorwürde

der Hohen Rechts- und Wirtschaftswissenschaftlichen Fakultät
der Württembergischen Eberhard-Karls-Universität Tübingen

Vorgelegt von Diplom-Kaufmann
GEORG BERGLER
Nürnberg

1933

J. B. Metzlersche Buchdruckerei, Stuttgart

Referent: o. Universitätsprofessor Dr. Wilhelm Rieger

Korreferent: Privatdozent Dr. Erich Preiser

Tag der mündlichen Prüfung 11. Dezember 1931

INHALTSVERZEICHNIS

Seite

I. Begriff und Wesen des Markenartikels 1

   A. Historischer Überblick über die Entwicklung des Markenartikels . 1

   B. Der Begriff des Markenartikels 8

      a) Begriffsbildung durch die Praxis, insonderheit durch den Markenschutzverband 8

      b) Der Begriff des Markenartikels in der wissenschaftlichen Literatur 11

      c) Festlegung einer allgemeinen Begriffsbestimmung 15

   C. Das Wesen des Markenartikels 19

      a) Der Markenartikel ein Geschöpf des Produzenten? 19

      b) Das Preisproblem beim Markenartikel 21

      c) Die Wirkungen der Mode und des Geschmacks auf den Markenartikel 38

      d) Die wirtschaftliche Bedeutung des Markenartikels 44

II. Der chemisch-pharmazeutische Markenartikel und sein Markt 50

   A. Der chemisch-pharmazeutische Markenartikel 50

      a) Entstehung aus der Rezeptur des Apothekers 50

      b) Das Wesen des chemisch-pharmazeutischen Markenartikels . . 51

   B. Produktion und Absatz des chemisch-pharmazeutischen Markenartikels 52

      a) Die chemisch-pharmazeutische Markenartikelindustrie und ihre Absatzmaßnahmen 52

          1. Industrie der Heil- und Vorbeugungsmittel im weitesten Sinne 52

          2. Kosmetische Industrie 56

          3. Technische Pharmazeutika 58

	Seite
b) Die Vertriebsorganisation	59
1. Der Großhandel	59
2. Der Detailhandel	61
α) Die Apotheke	61
β) Die Drogerie	63
γ) Die angrenzenden Branchen	66
C. Der Markt für den chemisch-pharmazeutischen Markenartikel	68

III. Der Kampf um den Markt 74

   A. Die Widerstände des Fachhandels gegen den Markenartikel und deren Bekämpfung durch die Hersteller 74

   B. Die Abwanderungstendenzen des chemisch-pharmazeutischen Markenartikels 81
      a) Das Streben nach einer breiteren Absatzbasis 81
      b) Das Streben des Markenartikels im allgemeinen nach Nutzbarmachung der pharmazeutischen Verteilerorganisation 83
      c) Die Bemühungen der Verteiler gegen das Abwandern . . . 85
         1. Gegen die Abwanderung aus den Apotheken 85
         2. Gegen die Abwanderung aus den Fachgeschäften 88

   C. Die Schaffung von Hausmarken 90
      a) Schaffung von Hausmarken durch Händler im Kampf gegen die Produzenten 91
      b) Schaffung von Hausmarken durch Produzenten im Einklang mit den Verteilern 92

Zusammenfassung 94

Literaturverzeichnis 96

Einleitung

Es ist eine auffallende Tatsache, daß die Betriebswirtschaftslehre das Problem des Markenartikels bis jetzt recht stiefmütterlich behandelt hat, obwohl die Markenartikelindustrie seit Jahren immer mehr an Umfang gewinnt. Soweit der Verfasser von der vorhandenen Literatur Kenntnis erhalten konnte, hat sich ihm gezeigt, daß von allen Theoretikern der Betriebswirtschaft sich nur Findeisen (Die Markenartikel im Rahmen der Absatzökonomik der Betriebe) mit dem speziellen Problem beschäftigt hat. 1930 hat Ernst Pollert, ein Schüler von Nicklisch, eine Arbeit über die Preisbildung bei Markenartikeln veröffentlicht[1]), und von Herzberger wurde 1931 eine Arbeit über den Markenartikel in der Kolonialwarenbranche vorgelegt[2]). Dissertationen über das Thema „Markenartikel" mehren sich allerdings in der letzten Zeit. Hier dürfen wir auf das Literaturverzeichnis im Anhang hinweisen. Nur gelangen wiederum die meisten Dissertationen nicht zur Kenntnis der Öffentlichkeit. Gewiß wird sich leicht nachweisen lassen, daß auch der und jener Verfasser nicht an dieser Frage vorübergegangen ist, aber die Behandlung war dann eine mehr nebensächliche, und der Endzweck jener Arbeiten lag in einer anderen Richtung. Das „Handwörterbuch der Betriebswirtschaft" von Nicklisch bringt zwar ebenfalls aus der Feder von Findeisen einen Aufsatz „Markenartikel"; er deckt sich aber inhaltlich mit seiner obengenannten Arbeit. Auch der „Grundriß der Betriebswirtschaftslehre", der sich zur Aufgabe gesetzt hat, die Hauptprobleme der Betriebswirtschaft in ausholenden Einzeldarstellungen zu beleuchten, geht an dem großen und wichtigen Gebiet des Markenartikels, soweit aus dem Anlageplan des noch lange nicht vollständig erschienenen

---

[1]) Pollert, Ernst, Die Preisbildung bei Markenartikeln und ihre Beziehungen zur Absatzpolitik, C. E. Poeschel Verlag, Stuttgart 1930.

[2]) Herzberger, Walter, Der Markenartikel in der Kolonialwarenbranche, C. E. Poeschel Verlag, Stuttgart 1931.

Werkes ersichtlich ist, ohne ein Wort vorüber. Lediglich Band 7: Le Coutre, Der Betrieb der Großhandelsunternehmungen und die Absatztechnik der Fabriken, dürfte wohl in einzelnen Teilen ein Eingehen auf das Problem erwarten lassen. Daneben konnten wohl noch Schriften ermittelt werden, die sich mit einzelnen Problemen des Markenartikels beschäftigen, z. B. Markenschutz. Juristische Veröffentlichungen, hauptsächlich über Preisbindung, über die Verordnungen zur Preissenkung bei Markenartikeln, gibt es eine Anzahl. Wir beschäftigen uns in unserer Arbeit nicht mit ihnen. Gerade für die heute vorherrschende Richtung der Betriebswirtschaftslehre, der Praxis die Ergebnisse ihrer Forschung nutzbar zu machen, sei es durch Verfahrensregeln oder durch Ratschläge oder durch Beratung in der Form, wie sie Wilbrandt in seinem Buch, Der Volkswirt als Berater, Stuttgart 1928, vorschlägt[3]), wäre hier ein dankbares Gebiet.

Die Arbeit beschränkt sich in der Hauptsache auf den chemisch-pharmazeutischen Markenartikel, wird aber, wo dies notwendig erscheint, auch andere Zweige nicht außer acht lassen. Sie versucht, das Problem unter privatwirtschaftlichen Gesichtspunkten darzustellen. Die Grundlagen dieser Arbeit verdankt der Verfasser seinem Lehrer, dem Vertreter der Privatwirtschaftslehre Professor Dr. W. Rieger, Tübingen. Es ist deshalb auch notwendig, auf das Buch von Rieger, Einführung in die Privatwirtschaftslehre, Nürnberg 1928, hinzuweisen. Und auch auf die zum Teil sehr scharf ablehnende Kritik, die die Lehre Riegers durch die Betriebswirtschaftslehre erfahren hat[4]). Es ist bezeichnend, daß zustimmende Kritiken aus dem Lager der Volkswirte kamen[5]).

Die Privatwirtschaftslehre befindet sich in verschiedener Beziehung in schärfstem Gegensatz zur Betriebswirtschaftslehre. Auf den Gegensatz in methodischer Beziehung kommt es uns hier vorläufig an. Ihn wollen wir versuchen, kurz herauszuarbeiten.

Wir haben oben schon einmal gesagt, daß die Betriebswirtschaftslehre in gewisser Hinsicht eine Dienerin der Praxis sein will. Soweit

---

[3]) An dieser Stelle wäre zu nennen: M i c h l i g k, Paul, Markenartikel-Handbuch, herausgegeben unter Mitarbeit führender Praktiker auf dem Gebiete des Markenartikels, Helingsche Verlagsanstalt, Leipzig 1930.

[4]) Vergleiche vor allem:
W a l b, Ernst, Einführung in die Privatwirtschaftslehre. Z. f. h. F. 1928, 11, S. 511—521.
I s a a c, Alfred, Einführung in die Privatwirtschaftslehre. Z. f. B. 1928, 4, S. 297—302.
L e h m a n n, F., Einführung in die Privatwirtschaftslehre. Magazin der Wirtschaft, 17. Januar 1929, S. 101—103.

[5]) V e r s h o f e n, Wilhelm, Einführung in die Privatwirtschaftslehre. Frankfurter Zeitung, 5. November 1928.

dies zutrifft, ist sie eine Kunstlehre, eine Lehre, die Verfahrensregeln für die Praxis gibt. Sie ist zweckbetont, will gleichsam sich ähnlich betätigen wie der Arzt am Kranken. Dieses alles lehnt die Privatwirtschaftslehre bewußt ab. Sie will eine wirtschaftliche Erscheinung studieren, durchleuchten und ihre zufällige Erscheinungsform so darstellen, wie sie sich ihr darbietet. Die Welt der Erscheinungen kann ihr also lediglich Erkenntnisobjekt sein. Es ist aber nicht ihre Sache, etwas hinzu- oder hinwegzuwünschen. Sie stellt nur leidenschaftslos dar und überläßt es den Leuten der Praxis, die Tag für Tag Werturteile zu fällen haben, die ihr selbst nicht zustehen können, aus den dargestellten Erscheinungen die für sie möglichen und notwendigen Schlüsse zu ziehen. Die Privatwirtschaftslehre kann nur betrachten, darstellen, ohne irgendwelche Sentiments.

Ihre Forschung gilt der Unternehmung, nicht aber dem Betrieb. Ihr Interesse gilt den Finanzfragen und den Triebkräften, von denen die Unternehmung, die kraft ihrer Eigenart nach Gewinn streben muß, bewegt wird. Sie beachtet aber nicht die technischen Fragen, die dem Betrieb hieraus erwachsen müssen.

Unsere so gewonnene Erkenntnis können wir mit einem kurzen Satz festlegen: Betriebswirtschaftslehre ist Kunstlehre, Privatwirtschaftslehre ist Theorie. Dieser Satz enthält eine Überspitzung und ist einseitig. Aber gerade um unseres Zieles willen, das wir so klar wie möglich aufzeigen möchten, wollen wir ihn so stehen lassen, auch auf die Gefahr hin, dadurch erheblichen Widerspruch hervorzurufen. Wir hoffen aber, dadurch den grundlegenden Unterschied scharf genug herausgearbeitet zu haben.

Darauf kam es uns allein an. Denn — und dadurch kommen wir wieder zum Ausgangspunkt unseres Gedankenganges zurück — wir wollten aufzeigen, was gemeint ist, wenn wir sagten, daß unsere Arbeit von privatwirtschaftlichen Gesichtspunkten aus unternommen wurde.

Wir hoffen, dartun zu können, daß auch eine Betrachtungsweise, die aus ihren Ergebnissen keinerlei praktische Folgerungen zieht, sondern sich mit der wertungsfreien Darstellung allein begnügt, in mancherlei Beziehung fruchtbar sein kann. Wir wissen, daß es sehr schwer, wenn nicht unerreichbar ist, eine wertungsfreie Arbeit zu schreiben. Sie schwebt uns jedenfalls als Ideal und Ziel vor. Wissenschaft, wie wir sie hier im Max-Weberschen Sinne verstehen, kann dem Praktiker nur die Möglichkeit für eine Politik an die Hand geben, aber sie kann niemals selbst in die Arena politischen Kampfes steigen.

Warum wir hier so eindringlich auf die Riegersche Lehrmeinung hingewiesen haben? Weil sie der Ausgangspunkt unserer Arbeit ist und den richtunggebenden Einfluß auf sie hat. Trotzdem ist die Arbeit dadurch nicht in einen vorbereiteten und vorbedachten Rahmen gepreßt, sondern versucht, auf die durch die Privatwirtschaftslehre erarbeiteten Kenntnisse aufzubauen.

Was endlich dabei herauskommen soll? Die Schilderung eines Teiles aus dem vielfarbigen und ungeheuer großen Gebiete des Markenartikels, und zwar desjenigen, der unserer Meinung nach das Kernstück des ganzen Gebietes bildet: des Geschäftszweiges, der sich augenscheinlich der Vertriebsform des Markenartikels am weitestgehenden bedient. Es soll gezeigt werden: eine Darstellung von Begriff und Wesen des Markenartikels, das Zwangsläufige in seinen Entwicklungslinien, endlich die daraus entspringende besondere Marktlage und die Marktkämpfe.

Damit rollt sich das ganze Problem schon vor unseren Augen auf. Es mutet einen ganz merkwürdig an, wie gerade in den Nachkriegsjahren auf einmal in allen Branchen Markenartikel auftauchen. Gehen wir aber auf die Zeit vor der Jahrhundertwende zurück, dann können wir im Gegensatz zu heute Markenartikel nur vereinzelt und nur in ganz bestimmten Branchen finden. Versetzen wir uns aber gar um ein Jahrhundert oder noch mehr zurück, dann dürfte es schon schwer fallen, auch nur einen einzigen Markenartikel zu finden. Schon bei einer ganz oberflächlichen Betrachtung dieser Erscheinungen drängt sich uns die Meinung auf, daß hier irgendwelche tiefere Zusammenhänge bestehen, vielleicht auch Gesetzmäßigkeiten, die aus der jeweiligen Wirtschaftsverfassung resultieren. Ihnen wollen wir nachspüren. Das wird uns wohl des öfteren zu volkswirtschaftlichen Exkursionen veranlassen, wir glauben aber, daß darunter die vorgezeigte Linie unserer Arbeit nicht zu leiden braucht.

Mit rein betriebswirtschaftlichen Fragen, besser ausgedrückt, mit Fragen der Betriebstechnik, wollen wir uns von vornherein nicht befassen. Sie würden den Rahmen der Arbeit sprengen. Lediglich die Probleme des Markenartikels an sich, hier in der Hauptsache des chemisch-pharmazeutischen, dürfen uns interessieren.

Um unsere Folgerungen belegen zu können, werden wir des öfteren Schilderungen tatsächlicher Vorgänge aus der Wirtschaft bringen, besonders dort, wo es sich um die Darstellung der Marktorganisationen und der Marktkämpfe handelt. Ausdrücklich soll hier festgestellt werden, daß dabei niemandem zuliebe oder zuleide geredet wird. Weiter oben haben wir ja schon dargelegt, daß es gar nicht unsere Aufgabe sein kann, Werturteile zu fällen.

Wir schließen unsere Einleitung mit den schönen Worten Sombarts, die er an das Ende seiner Einleitung zu „Das Wirtschaftsleben im Zeitalter des Hochkapitalismus" stellte, und wiederholen damit unseren eigenen Grundgedanken, daß es uns bei unserer Arbeit allein um Erkenntnis zu tun sei: „Es ist das ganz gewiß nicht beneidenswerte Los unseres ganzen Geschlechts, daß es im Bereiche des Kulturwissens etwas anderes als Erkenntnis nicht zu gewinnen vermag. Doch ist es besser, wenn eine Zeit und die Menschen einer Zeit sich der Begrenztheit ihrer Leistungsfähigkeit bewußt werden, statt daß sie — dem Daidalus gleich — sich Ziele stecken, deren Erreichung ihnen versagt ist. Ihr Schaffen wird dadurch vor Künstlichkeit und Unwahrhaftigkeit bewahrt. Und Resignation ist ja des Menschen bestes Teil. Immer aber wird es auch in unserer trüben Zeit und vielleicht wieder mehr als in der jüngsten Vergangenheit, Menschen geben, die an praktisch zweckloser Erkenntnis Freude haben, die nichts anderes in einem Buche suchen als innere Erleuchtung, und die ein wissenschaftliches Werk mit der reinen Freude in sich aufnehmen, die das Anschauen eines wohlgelungenen Kunstwerkes gewährt."

I. Begriff und Wesen des Markenartikels

A. Historischer Überblick über die Entwicklung des Markenartikels

Wir betrachten diesen Abschnitt zwar als einen wesentlichen Teil unserer Bemühungen um die Klarlegung des Wesens des Markenartikels, aber wir halten es andererseits nicht für notwendig, eine genaue historische Darstellung von den ersten Anfängen bis zur Gegenwart zu geben. Die Entwicklung soll in großen Zügen aufgezeichnet werden und nur das, worauf es uns besonders ankommen muß, wollen wir mit etwas kräftigerem Pinsel untermalen.

Bis auf die Eigentumsmarken könnten wir zurückgreifen, mit denen z. B. durch Einbrennen das Eigentumsrecht an Vieh nachgewiesen wurde. Wir könnten verweisen auf die Personalzeichen z. B. der Architekten, aus denen sich dann später die Familienwappen entwickelten. Endlich könnten wir noch die Merkzeichen der Zünfte, die Hauszeichen der großen Handelshäuser heranziehen (das der großen Augsburger Fugger sah ungefähr so aus ⑭), um die Entwicklungslinien des Markenartikels freizulegen. (Siehe Hirsch, Der moderne Handel, S. 11 ff.) Und doch möchten wir uns mit diesem Hinweis begnügen.

Die Wiege des Markenartikels suchen wir in der chemisch-pharmazeutischen Branche. Auch Findeisen[6]) befaßt sich mit der Frage nach der Entstehung des Markenartikels und meint, diese in der pharmazeutischen Branche suchen zu müssen.

Der Pflege des Gesundheitswesens wurde von den frühesten Zeiten an und in allen Staaten die größte Aufmerksamkeit geschenkt. Wir wissen, daß schon im Jahre 1241 durch eine Verordnung des Hohenstaufen-Kaisers Heinrich II. Bestimmungen über Vorschriften zur

---

[6]) Findeisen, Franz, Die Markenartikel im Rahmen der Absatzökonomik der Betriebe, Berlin 1924, S. 38: „Man muß Vertrauen haben zur Ware, daß sie einem bestimmten Zweck am besten genügt. Daher konnten sich die Markenartikel auch am ehesten und besten bei den Heilmitteln, den sogenannten Apothekerwaren einführen. Wie ein Arzt ohne Vertrauen undenkbar ist, so ist auch das Heilmittel ohne Vertrauen nicht möglich."

Arzneibereitung geschaffen wurden [7]). In ähnlicher Weise erließen die deutschen freien Reichsstädte und nach ihnen die Landesherren und Regierungen entsprechende Vorschriften. Ihren letzten Niederschlag fanden diese im Deutschen Arzneibuch, dessen jüngste Ausgabe vom 1. Januar 1927 datiert.

Ursprünglich wurde jedes Mittel im Laboratorium der Apotheke hergestellt, für jeden einzelnen Fall besonders. Aber schon im Jahre 1668 [8]) wurde es notwendig, daß der Rat der Stadt Frankfurt a. M. Vorschriften, die Pflege der Gesundheit betreffend, erließ, in denen genau festgelegt wurde, was den Apotheken zum Verkauf vorbehalten sein sollte, und was die Materialisten, die Vorläufer der heutigen Drogisten feilbieten durften [9]).

Die Konkurrenz trat auf den Plan. Der Materialist war nicht entsprechend vorgebildet. Man durfte ihm zum Verkauf nur Mittel überlassen, die ungefährlich waren. Nach wie vor blieb die Herstellung beim Apotheker. Aber doch war das Auftreten dieses neuen Berufsstandes mit eine Ursache dafür, daß der pharmazeutische Großhandel Bedeutung erlangt.

Manche Apotheken wuchsen zu einem pharmazeutischen Industriebetrieb heran (z. B. die Löwenapotheke in Dresden, aus der die Leowerke entstanden), denn nun war ein Absatzfeld vorhanden. Der Apotheker blieb zwar wissenschaftlicher Pharmazeut, aber er mußte doch auch Kaufmann werden. Und der Drogist war und ist gewiß Kaufmann, aber er hat sich doch auch pharmazeutische und chemische Kenntnisse aneignen müssen. So hat sich eine gewisse Angleichung vollzogen, ohne daß dadurch die gegenseitigen Berufskämpfe an Heftigkeit nachgelassen hätten.

Aber hinter dem Drogisten drängten schon wieder andere Berufsstände nach, die ebenfalls Apothekenartikel herstellen und verkaufen wollten. So haben sich im Laufe des 15. und 16. Jahrhunderts die Zuckerbäcker abgezweigt, die daneben allerdings auch noch Spezereihändler waren.

Alfred Schmidt sagt (a. a. O), daß die Apotheke Parfüms aus teueren ausländischen Drogen herstellte und diese den Ärzten lieferte, die sie zahlungsfähigen Patienten verschrieben. Das soll schon zu Plinius

---

[7]) A d l u n g, Die deutschen Arzneibücher seit dem Jahre 1546. Pharmazeutische Zeitung Berlin, 7. September 1927.

[8]) Alfred S c h m i d t sagt in seinem Aufsatz „Über den Ursprung der Apotheken" (Pharmazeutische Zeitung, 7. September 1927), daß unter Almansor die erste Apotheke in Bagdad angelegt worden sei (zitiert nach I. Behrends, Das Apothekenwesen, Stuttgart 1907, und Hermann S c h e - l e n z, Geschichte der Pharmazie, Berlin 1904) und daß im 13. Jahrhundert diese Einrichtung nach Europa übertragen worden sei.

[9]) Drogerien in Alt- und Neu-Frankfurt. Frankfurter Zeitung, 2. Morgenblatt, 5. Juni 1929.

Zeiten gewesen sein. Beachten wir dagegen, wie weit heute die Herstellung und die Verteilungsorganisation für Parfüms ausgebaut ist und wie die Herstellung niemals mehr in der Apotheke vermutet wird. Die kosmetische Industrie ist zur typischen Markenartikelindustrie geworden. Man kann billige Parfüms zwar auch offen kaufen, aber davon wird nur in seltenen Fällen Gebrauch gemacht. Einheitspreisgeschäfte sind dazu übergegangen, billiges Parfüm als markenlose Ware anzubieten [10]).

Schokolade ist heute ein großer Markenartikel. Namen wie Sarotti, Trumpf, Mauxion, sind allgemein bekannt. Die Trumpf-Schokoladefabrik z. B. ist aus einer Drogenhandlung entstanden [11]). Aber erst von 1910 ab brachte der Gründer, Leonard Monheim, seine Erzeugnisse unter dem Namen „Trumpf" in den Handel.

Wir haben festgestellt, daß nur den Apotheken der Verkauf von Arzneiwaren vorbehalten war, daß diese Waren zum größten Teil für jeden einzelnen Kauf nach ärztlichem Rezept hergestellt wurden und daß alsbald die angrenzenden Berufsgruppen versuchten, einen Teil dieses Handels an sich zu bringen. Trotz aller gesetzlichen Bestimmungen ist es niemals möglich gewesen, diesem Streben wirksam Halt zu gebieten. Der Gesetzgeber mußte sich zwar zu Konzessionen bereit finden, aber sein Entgegenkommen wurde ihm auch dadurch erleichtert, daß an die Stelle der Rezeptur die Abgabe fabrikmäßig hergestellter und verpackter Heil- und Vorbeugungsmittel trat. Aus ihnen haben sich die pharmazeutischen Markenartikel entwickelt.

Sehr frühzeitig wurde gesetzlich unterschieden zwischen freiverkäuflichen und nichtfreiverkäuflichen (nur den Apotheken vorbehaltenen) Waren. Der Materialist und sein Nachfolger, der heutige Drogist, bemächtigt sich der freiverkäuflichen. Für diese Waren war damit ein verbreiterter Markt geschaffen, wenn eben der Käufer der neuen Verkäufergruppe sein Vertrauen schenken konnte. Er tat es, wie die Entwicklung zweifelsfrei gezeigt hat, weil diese freiverkäuflichen Waren in einer Aufmachung oder Verpackung schon in die Hände des Verkäufers gelangten, daß Irrtümer zum Schaden des Käufers unmöglich wurden. Diese Waren kamen zumeist aus den Laboratorien von Apotheken (sie erfreuten sich ja des besonderen Vertrauens), die sich allmählich zu großen Fabrikationsstätten für Markenartikel ausweiteten. Mit diesen Betrieben arbeitete oft ein Arzt zusammen, gab

---

[10]) Sie werden gewiß auch ihren Absatz finden, aber doch nur in einem ganz beschränkten Kreise. Jeder Konsument, der wirklich Parfüm verbraucht, weil es ihm (fast möchte man sagen) zu einem unentbehrlichen Bedarfsartikel des täglichen Lebens geworden ist, wird nach wie vor „Gegenüber" oder „4711" usw. verwenden. Beobachtungen, die allerdings nicht sehr weit zurückgehen, bestätigen dies.

[11]) 70 Jahre Trumpf, Der Zuckerbäcker, Bernburg 1929, Nr. 52.

ihnen in vielen Fällen sogar seinen Namen. Münzer[12]) weist in seinem Aufsatz, „Der Handel mit Sanitätswaren", ebenfalls auf diesen Umstand hin. Auf jeder Packung, die hinausgeht, kann man lesen „nach dem Rezept von Dr. XY". Das Vertrauen wandte sich der unbekannten Doktor-Firma wie ihren Erzeugnissen zu, und dem Drogisten als dem Verkäufer. Das Vertrauen wuchs, als die neue Marke vom Hausarzt empfohlen und verordnet wurde. Es wuchs in dem Maße weiter, als sich der Drogist um eine vielseitige Fachausbildung bemühte, durch die er zum zuverlässigen Berater seiner Kunden werden konnte. So wurde aus dem Materialisten der Drogist, der sich als neuer Berufsstand neben dem Apotheker zu behaupten vermochte. Beide Gruppen zusammen ergaben das notwendige breite Absatzfeld für den chemisch-pharmazeutischen Markenartikel.

Findeisen[13]) meint, daß Detaillisten sehr oft als Gegenmaßregel gegen den Boykott großer Markenartikelfirmen eigene Marken eingeführt hätten. Wir glauben, daß häufig in solchen Hausmarken eine Entstehungsursache des heutigen Markenartikels zu finden ist[14]). Stellen wir uns noch einmal die schon genannte Löwenapotheke in Dresden vor. In ihrem Laboratorium ist das heute weltbekannte Chlorodont entstanden. Es wurde zu einer Spezialität dieser Apotheke, wuchs dann über deren Absatzreichweite und ihre örtliche Bedeutung hinaus und entwickelte sich zu einem Giganten unter den Markenartikeln.

C. Duisberg sagte 1912 bei einem Vortrag in New-York[15]: „Wohl auf keinem Gebiet menschlichen Könnens und Wissens sind durch die

---

[12]) Münzer, Guido, Der Handel mit Sanitätswaren. Z. f. B., Berlin 1930, 4, S. 304: „Wie überall dort, wo es sich um Vertrauensartikel handelt, spielt die Marke auch im Sanitätswarenhandel eine hervorragende Rolle." — „Eine besondere Art des Markenartikels hat sich dadurch herausgebildet, daß bedeutende Kliniker die Erzeugung eines von ihnen erprobten und nach ihren Angaben, allenfalls auch unter ihrer Kontrolle angefertigten Behelfs einem Fabrikunternehmen übertragen und solche Artikel im Handel unter Bezeichnungen auftreten, die auf diese Umstände hinweisen."

[13]) Findeisen, Franz, a. a. O., S. 64—67.

[14]) Es muß natürlich anerkannt werden, daß sehr oft Hausmarken aus den von Findeisen dargelegten Gründen entstanden sind. Gerade im Augenblick der Niederschrift dieser Zeilen finden einige Fabriken von Hustenmitteln, Hühneraugenpflastern usw. mit der Propagierung eigener Hausmarken immer wieder begeisterte Anhänger. Es ist aber bezeichnend wie wenig Kraft die Hausmarken haben, die in ihrer Wirkung auf die örtliche Reichweite des betreffenden Geschäftes beschränkt sind. Sehr oft wenden sich die anfänglich so begeisterten wieder ab und dem großen Markenartikel zu, den sie entbehren zu können glaubten. Wir möchten die Erscheinung dieser Hausmarken als eine Rückbildung bezeichnen.

[15]) Die chemische Industrie im Westen Deutschlands. Drogistenzeitung, Leipzig, 4. Juni 1929.

Verbindung von Wissenschaft und Technik und die dadurch bedingten wechselseitigen Beziehungen so bedeutende Fortschritte erzielt worden, wie auf dem der chemischen Industrie, die zwar in ihren Anfängen alt, in ihrer großzügigen Ausgestaltung aber ein Kind der neuesten Zeit ist." Alle großen Werke der chemischen Industrie in Deutschland sind in den letzten fünf Jahrzehnten entstanden, unter ihnen die für die Herstellung chemisch-pharmazeutischer Präparate und synthetischer Arzneimittel. „Hier erscheint zuerst der wissenschaftlich geschulte Berater in der Gestalt des wissenschaftlich ausgebildeten Chemikers, der sein Laboratorium in den noch wesentlich empirisch geleiteten Betrieb einbaut [16])". Auch Sombart sagt [17]), daß die chemische Großindustrie im ganzen ein echtes Kind des kapitalistischen Zeitalters sei. Die Ära der modernen chemischen Industrie kann man etwa seit dem Beginn des 19. Jahrhunderts datieren. Vorher blieb die „Chemische Kunst auf das Laboratorium und die Werkstätte des Apothekers beschränkt" (Sombart).

Heute noch gibt es die meisten Markenartikel in der chemisch-pharmazeutischen Branche. Man denke nur an Schuhcreme, Fleckentferner, andere Reinigungsmittel, Haushalt- und Waschmittel, Lacke, Farben, an alle möglichen Dinge, die zur Pflege von Maschinen notwendig sind, an die kosmetischen Artikel, und die Vorbeuge- und Heilmittel. Das kann ein Zeichen dafür sein, daß sich gerade diese Branche ganz besonders für die Schaffung von Markenartikeln eignete und daß sie auch frühzeitig an sie heranging. Nach einer Feststellung von Brüggen [18]) beträgt der Anteil der Markenartikel am Gesamtumsatz der Drogerien 75 %.

Gerade in der chemischen Industrie finden sich die mächtigsten Zusammenballungen, die größten wirtschaftlichen Unternehmungen. Es bieten sich schon Ausblicke auf anscheinend gesetzmäßige Beziehungen zwischen Markenartikel und moderner Wirtschaftsform.

Der Produzent als Individuum, prägte seinem Erzeugnis, eben dem Markenartikel den Stempel seiner besonderen Eigenart auf. Der Artikel trug nun seinen Namen auf den Markt. Erzeugnisse, die früher unter einem Generalnenner, etwa Hustenbonbons, gehandelt wurden, spalteten sich jetzt in eine Unzahl von Markenartikeln auf, die untereinander in heftigstem Konkurrenzkampfe lagen und die sich alle

---

[16]) Sombart, Werner, Das Wirtschaftsleben im Zeitalter des Hochkapitalismus, München und Leipzig 1927, II, S. 890. „Bahnbrechend hat hier die chemische Unterrichtstätigkeit großer Gelehrter gewirkt, die durch Liebigs Vorgang 1825 einsetzte."

[17]) Sombart, Werner, Der moderne Kapitalismus, München und Leipzig 1924, II, S. 740.

[18]) Brüggen, Der Einzelhandel in Parfümerien und verwandten Artikeln, Kölner Diplom-Arbeit 1932. Zitiert nach einem Bericht in „Die Betriebswirtschaft" 1932.

durch besondere Merkmale voneinander unterschieden. Sie kamen den Liebhabereien (wie den vielfältig gearteten Bedürfnissen) der Konsumenten entgegen, und es ergibt sich, daß der Konsument heute mißtrauisch ist, wenn man ihm einfach Hustenbonbons anbietet. Er will „seine Marke".

Dagegen kann auch nicht verschwiegen werden, daß dem Markenartikel ebenso eine nivellierende, rationalisierende Tendenz auf die Fabrikation wie auch auf den Verbraucher innewohnt. Diese ist geeignet, die Sonderwünsche der Konsumenten zurückzudrängen und die Verbraucher zu überzeugen, daß ihrem Interesse am besten durch den Kauf von Markenartikeln gedient ist.

Auch die seelische Umstellung des Menschen, die dazu notwendig war, ist aus der Entwicklung vom Mittelalter zur Neuzeit, zum Kapitalismus hin, zu verstehen. Der Gesichtskreis erweiterte sich über die Grenzen der eigenen Stadt, des Staates hinaus. Die Vervollkommnung der Verkehrsmittel verminderte die Entfernungen. Der Mensch wurde sachlicher, dachte abstrakter. Er konnte nun sein Vertrauen einem Menschen schenken, den er gar nicht kannte, der aber durch das Mittel des gedruckten Wortes bei ihm darum warb.

Die verschiedensten Bedürfnisse haben eine Vereinheitlichung erfahren. Die Maschinenarbeit ermöglicht eine Gleichförmigkeit und Gleichmäßigkeit in der Herstellung, die bei der früheren Handarbeit unmöglich war. Der Preis für ein solches Produkt wurde viel geringer als der des handwerksmäßig hergestellten. Damit ist Konsumentenschichten ein Kauf möglich geworden, die vorher nie dafür in Frage gekommen wären. Freilich mußte die Bedarfsvereinheitlichung in Kauf genommen werden.

Je mehr die moderne Marktverfassung Geltung erlangte, desto weniger blieb von der früheren Sach- und Warenkenntnis des Konsumenten übrig. Er kann die Ware nicht mehr auf ihre Qualität prüfen. Diese Qualitätsgarantie ist aber gerade beim Markenartikel gegeben.

Dem Markenartikel wohnt das Bestreben nach dem Monopol inne. Rücksichtslos drängt in diesem Kampfe der größere den kleineren zurück. Nirgends ist wohl die Schärfe und Erbitterung, mit der die Konkurrenzkämpfe geführt werden, größer, als bei dem Kampf der großen Markenartikelfirmen um den Markt. Nirgends wird man aber auch besser beobachten können, wie solche Kämpfe meistens ein Vorteil für die Verbraucher sind, denn ihr Ergebnis sind meistens niedrigere Preise. Der Kampf der schwedischen und russischen Zündholzinteressenten um den deutschen Markt im Laufe des Jahres 1929 mag als Beispiel dafür dienen.

Wenn nun aber der Markenartikel um das Monopol kämpft, dann muß zuerst die Möglichkeit bestehen, mit Hilfe der Absatzorganisation auch an den letzten Verbraucher heranzukommen. Das Feld für den Markenartikel ist am besten die ganze bewirtschaftete Erde. Wir sehen, unser Kreis beginnt sich schon zu weiten. Der Apparat der modernen Wirtschaft: Verkehrswesen jeglicher Art, Telegraph und Telephon, Maschinisierung, Typisierung, Druckerpresse und Reklamekünstler waren notwendig, damit der Markenartikel über den engbegrenzten Bereich seines Entstehungsortes hinaus Geltung erlangte, damit sein Name möglichst vielen Menschen zu einem feststehenden Begriffe wurde, der in ihrem Bewußtsein etwa ebenso verankert wurde, wie die Begriffe Essen und Schlafen. Das „Öl" der kapitalistischen Wirtschaft — Geld — mußte vorhanden sein, damit der Riesenapparat, der das erstrebte Ziel erringen helfen soll, auch arbeiten konnte.

Mit dieser Auffassung befinden wir uns im Gegensatz zu Walter Pietsch (Verkaufspraxis 1929, 4), der meint: „Er (der Markenartikel) ist eine Sache des Kollektivismus, dem es eigen ist, zusammenfassend, vereinheitlichend und zusammenballend zu wirken." Wir dagegen sehen in ihm eine Äußerung des Kapitalismus. Könnte man nicht ebensogut sagen, daß der Markenartikel der sinnfällig gewordene Ausdruck des Machtwillens oder des wirtschaftlichen Egoismus eines Einzelnen ist, der mit seiner Hilfe auch tatsächlich auf dem Markte Erfolge zu erzielen vermag, die man früher für unmöglich gehalten hätte? Als Beweis dafür möge die schnelle Eroberung des Parfümeriemarktes durch die bekannten Elida-Präparate dienen. Sogar in den kleinsten Orten Dalmatiens und Bosniens, wo man noch den Tauschhandel antrifft, konnte man 1928 Elida-Seife kaufen. Nicht nur die Marke wurde bekannt, sie trug auch den Namen des dahinterstehenden erfolgreichen Unternehmers, Georg Schicht, mit empor. Und — der Erfolg ermöglichte diesem neue Unternehmungen in anderen Wirtschaftszweigen, auffallenderweise aber immer auf dem Gebiete des Markenartikels. Schon macht sich in der Markenschokoladenindustrie sein Wirken bemerkbar [19]). Daß heute Elida-Präparate nicht mehr so im Vordergrund stehen, ist wahrscheinlich auf eine Neuorganisation des holländischen Margarinetrusts, dem auch der Schichtkonzern angehört, zurückzuführen. Absatzmaßnahmen und Reklame sind so stark abgebaut worden, daß die Marke Elida wieder von anderen überholt werden konnte.

Als wichtigste Voraussetzungen für die Entwicklung des Markenartikels sehen wir demnach an:

1. Die Weite des modernen Marktes, die vor Landes- und Sprachgrenzen nicht Halt zu machen braucht.
2. Diese Marktverfassung mußte eine Veränderung der Kaufgewohnheiten des Konsumenten herbeiführen.
3. Der feste Preis des Markenartikels verbürgt dem Konsumenten die Qualität, die er früher selbst prüfen und feststellen konnte.

---

[19]) Inzwischen hat Schicht seine Schokoladenbeteiligungen an den Stollwerckkonzern abgestoßen.

4. Das Vorhandensein einer leistungsfähigen Großindustrie, die in der Lage ist, die notwendige Absatzorganisation zu schaffen.
5. Derartige Unternehmungen haben das Vorhandensein der modernen Marktverfassung zur Voraussetzung. Vor der Zeit des Hochkapitalismus (im Sinne Sombarts) treffen wir daher weder Markenartikel in dem Sinne, wie wir sie später definieren wollen, noch Unternehmungen, die die notwendigen Ausmaße haben.
6. Der Markenartikel strebt mit größerer Aussicht auf Erfolg dem Monopol zu als andere Spezialgüter. Infolgedessen sind die Konkurrenzkämpfe schärfer als auf anderen Gebieten. Sie sind nur denkbar auf dem Markte einer individualistischen Wirtschaftsverfassung.
7. Wir dürfen also den Markenartikel als ein Kind des Individualismus bezeichnen, obwohl ihm eine nivellierende, ausgleichende Tendenz innewohnt. Doch muß das noch nicht darauf hindeuten, daß der Kollektivismus eine Voraussetzung für die Entwicklung des Markenartikels sein müsse, wie dies Pietsch angenommen hat.

B. Der Begriff des Markenartikels

a) Begriffsbildung durch die Praxis, insonderheit durch den Markenschutzverband

Sieht man sich in der Praxis danach um, was man dort unter Markenartikel versteht, dann findet man im ersten Augenblick wohl eine recht weitherzige und umfassende Auslegung des Begriffes Markenartikel. Schon wenn auf jedem Erzeugnis, das die Fabrik verläßt, deren Fabrikmarke angebracht ist, z. B. das doppelte verschlungene S der Siemens-Schuckert-Werke, spricht man von einem Markenartikel, und wenn ein Drogist Hustenbonbons unter dem Namen „Bismarck-Hustenbonbons" verkauft, dazu in einer Verpackung mit diesem Aufdruck — weil seine Drogerie eben zufällig Bismarck-Drogerie heißt —, so soll das auch ein Markenartikel sein! Kauft man sich einen Hut, z. B. einen „Borsalino", so hat man einen Markenhut, und ersteht man sich ein Paar Sommerschuhe, gleich sind es Herzschuhe — also wieder ein Markenartikel. Wohin man tritt, überall trifft man auf Markenartikel. Und doch sind es in den meisten Fällen keine, wie wir noch sehen werden, oder doch nur unechte. Manche sind auf dem Wege dazu, echte zu werden. Man kann also einen ganz leisen, allmählichen Übergang zum Markenartikel feststellen.

Nun hat sich in der Praxis aber doch auch ein starkes Bedürfnis nach einer Abgrenzung des Begriffes des Markenartikels geltend gemacht, um den Schutz für den einmal einheitlich festgelegten Preis auch einwandfrei durchführen zu können. Der einheitliche Preis im ganzen Absatzgebiet und der zuverlässige Schutz dieses Preises sind wohl die wichtigsten Merkmale, die die Praxis von einem Artikel verlangt, der von ihr als Markenartikel anerkannt werden soll. Aus diesem Bedürfnis nach Preisschutz ist der „Verband der Fabrikanten von Markenartikeln (Markenschutzverband) e. V. Berlin" entstanden. Markenartikel hat es natürlich schon vor dem Bestehen dieses Verbandes gegeben. Aber da diese sich besonders dafür eigneten, „geschleudert" zu werden, wodurch eine Qualitätsverschlechterung erzwungen worden wäre, fand man den Ausweg der Preisbindung. Der Verband hat seinerseits Richtlinien aufgestellt, denen jeder Artikel entsprechen muß, wenn er von ihm unter Schutz genommen werden soll. Natürlich ist eine Ware Markenartikel im wirtschaftlichen Sinne, ob ihr Fabrikant dem Markenschutzverband angehört oder nicht.

Im Markenschutzverband sind die Hersteller der größten und bekanntesten deutschen Markenartikel vereinigt. Doch fehlen auch wieder so bedeutende Unternehmungen wie die Lingner-Werke und die Leo-Werke. Die Mitgliedsfirmen natürlich können kaum ein großes Interesse daran haben, die Hilfe des Verbandes und damit ihre eigene z. B. einer jungen, aufstrebenden Markenartikelfirma zu leihen, die möglicherweise sich zu einer gefährlichen Konkurrenz auswachsen könnte. Insofern handelt es sich also nicht nur um einen Markenartikelschutzverband, sondern auch — selbst wenn dies in den Verbandssatzungen gar nicht gewollt oder vorgesehen ist —, um eine Interessenvertretung. Auch wenn diese Tendenz nur im Unterbewußtsein der Mitglieder bestehen würde, so hätte sich dies doch auch bei der Bestimmung des Wesens des Markenartikels geltend gemacht.

Markenartikel im Sinne des Markenschutzverbandes sind „regelmäßig in gleicher Art und Güte sowie in gleicher Ausstattung in den Verkehr gebrachte Erzeugnisse, bei denen durch eine vom Hersteller auf der Ware oder ihrer Verpackung angebrachten Bezeichnung (Marke — sei es eine Firma, sei es ein Wort- oder Bildzeichen) die Beziehung zu einer bestimmten Herkunftsstätte erkennbar ist und für die der Hersteller einen für ganz Deutschland geltenden von dem Handel einzuhaltenden Verkaufspreis festgesetzt hat.

Sachlich ist der Kreis der Waren, die als Markenartikel in Frage kommen, nicht begrenzt. Fast alle Waren können also als Markenartikel in den Verkehr gebracht werden; so: chemisch-pharmazeutische, kosmetische und diätetische Zubereitungen, Nahrungsmittel, Kolonialwaren, Brunnenwässer, Wäsche, Kleidungsstücke, Kurzwaren, Maschinen und Maschinenteile, Schallplatten, Stahlwaren, kurz, Waren aller nur erdenklichen Art."

Diese Bestimmungen sind scheinbar sehr weitherzig gefaßt. Aber auf die Auslegung kommt es natürlich an. Und die ist etwas anders.

Der Großteil der Mitglieder befaßt sich mit der Herstellung chemisch-pharmazeutischer, kosmetischer und diätetischer Zubereitungen, von Kolonialwaren und Lebensmitteln. Die Angehörigen anderer Branchen sind in der Minderzahl.

Unausgesprochen betrachtet der Markenschutzverband nur solche Artikel als Markenartikel, die der großen Öffentlichkeit bekannt sind und deren Verbreitungsgebiet mindestens das ganze Deutsche Reich ist. Sie müssen also mehr als nur lokale Bedeutung haben. Auf diesen Umstand sind die Aufnahmebedingungen des Verbandes aufgebaut.

Von der Begriffsbestimmung des Markenschutzverbandes sind alle Definitionen, die man in den verschiedenen Branchenzeitschriften findet, mehr oder weniger abhängig.

Die Allgemeine Zeitung, Chemnitz vom 8. Dezember 1930 definiert: „Unter Markenware versteht man eine Ware, die in stets gleichbleibender Güte, sich gleichbleibender Aufmachung und sich gleichbleibender Packungsmenge zu allgemein gleichen Preisen in jedem Einzelhandelsgeschäft, das sie führt, zum Verkauf gelangt."

In dem Gutachten des vorläufigen Reichswirtschaftsrates zu der Frage der Verhütung unwirtschaftlicher Preisbindungen, liest man „von dem unbestreitbaren besonderen Vorzug der Markenware, gleichbleibende Güte zu gewährleisten, die Käufer nach der Markenware verlangen läßt, auch da, wo Ware, die der freien Konkurrenz unterliegt, zu billigeren Preisen zur Verfügung steht [20])."

Heinig (Deutsche Kolonialwaren- und Feinkostrundschau Nr. 37 vom 8. Mai 1927): „Das Wesen des Markenartikels ist in zwei Momenten zu finden: Einmal tritt in ihm nach außen eine besondere Form (Packung, Aufmachung) in Erscheinung, andererseits wird mit ihm zugleich eine besondere Qualität geboten und verbürgt." Darüber hinaus seien Festpreis und Festverdienstspanne des Einzelhandels bestimmt.

Urteil des Kammergerichts vom 19. Dezember 1925 (Veröffentlicht in der K. R. 1926, S. 22/24): „Zigaretten sind Markenartikel. Sie werden regelmäßig in gleicher Art, Güte, Bezeichnung und Ausstattung und zu gleichen Preisen in den Verkehr gebracht. Diese Eigenschaften sind dem Publikum genau bekannt." (Zitiert nach Pollert, a. a. O.)

Als die letzte Fixierung des Begriffes Markenartikel kann man wohl die in der „Verordnung über Preisbindungen für Markenware" vom 16. Januar 1931 betrachten. Sie wurde in die Notverordnung vom 8. Dezember 1931 übernommen.

„Die Bestimmungen dieser Verordnung finden auf den Verkehr mit folgenden Waren Anwendung, soweit diese, ihre Umhüllung, Ausstattung, oder die Behältnisse, aus denen sie verkauft werden, mit

---

[20]) Siehe Anmerkung 24.

einem ihre Herkunft kennzeichnenden Merkmal (Firma, Wort- oder Bildzeichen u. ä.) versehen sind (Markenwaren)" ... „und bei ihnen der Abnehmer auf Grund von Verpflichtungsscheinen (Reversen), Geschäftsbedingungen oder ähnlichen Vereinbarungen verpflichtet ist, bei einer Weiterveräußerung im Inland an den Verbraucher festgesetzte Preise zu fordern [21])."

Diese Begriffsbestimmung geht auf politische Beweggründe zurück: Der Kreis der erfaßten Waren sollte möglichst groß sein. Daher die verwaschene Abgrenzung.

b) Der Begriff des Markenartikels in der wissenschaftlichen Literatur

Wir haben in der Einleitung darauf hingewiesen, daß sich die wissenschaftliche Literatur bis jetzt recht wenig mit dem Markenartikel befaßt hat. Die Literatur, die sich der Verfasser zugänglich machen konnte, ist an Umfang sehr gering. Als die hauptsächlichste Publikation muß auch heute noch die schon mehrfach genannte von Findeisen: „Die Markenartikel im Rahmen der Absatzökonomik der Betriebe" bezeichnet werden. Er hat eine Definition des Markenartikels festgelegt: „Man versteht also unter Markenartikel Waren von gleicher Beschaffenheit, in bestimmten gleichbleibenden Umhüllungen und Formen oder mit bestimmter gleichbleibender Verkaufstechnik, die von einem bestimmten Hersteller unter einem gewissen Merkmal, das meist gesetzlich geschützt ist, in den Verkehr gebracht werden [22])."

Findeisen nimmt dabei Bezug auf die erste gesetzliche Normierung des Markenartikels durch die Bundesratsverordnung vom 8. Mai 1916, die von Waren spricht „in Packungen oder Behältnissen zum Weiterverkauf unter Festsetzung eines vorgeschriebenen Preises".

Offenbar kam Findeisen diese Definition zu weitgefaßt vor, denn er teilt die damit umfaßten Markenartikel weiter ein in

„1. uneigentliche Markenartikel
2. eigentliche Markenartikel
   a) freiverkäufliche
   b) syndizierte" [23]).

Die gleiche Definition findet sich in dem Aufsatz „Markenartikel" im Handwörterbuch der Betriebswirtschaft II S. 1347, der ebenfalls Findeisen zum Verfasser hat. Da er die Definition wortwörtlich, ohne irgendeine Abänderung in diesen zeitlich viel später entstandenen

---

[21]) Verordnung über Preisbindungen bei Markenwaren. Drogistenzeitung, Leipzig, 20. Januar 1931.
[22]) Findeisen, Franz, a. a. O., S. 32.
[23]) Findeisen, Franz, a. a. O., S. 32.

Aufsatz übernommen hat, darf man wohl annehmen, daß er sie für sich als eine endgültige betrachtet. Uns erscheint seine Begriffsbestimmung als zu weit. Wir werden das später näher begründen (S. 15).

Sommerfeld [24]) kann diese Definition ebenfalls nicht anerkennen: „Seine (Findeisens) Definition desselben (des Markenartikels) als eine durch Angabe der Produktionsstätte gekennzeichnete Ware erscheint mir nicht haltbar. Mit Kukirol z. B. wird doch nicht die Produktionsstätte angegeben, wenn man vielleicht auch von einer Versinnbildlichung derselben sprechen könnte. Und wenn eine Fabrik verschiedene Markenartikel mit verschiedenen Namen (Globol und Fixin) herstellt, dann kann keineswegs durch diese beiden oder gar noch mehr Bezeichnungen auf die Produktionsstätte verwiesen sein. Ja bei den von Findeisen — meiner Meinung nach wenig treffend — als aktive Markenartikel bezeichneten Gegenständen wird die Produktionsstätte geflissentlich verschwiegen."

Pollert [25]) hat folgende Definition aufgestellt: „Markenartikel sind Waren, die
1. zur Befriedigung kontinuierlichen Bedarfes,
2. in gleicher Form und unter Darstellung gleichen sachlichen Gehalts hergestellt werden und die
3. mit einem nicht nachgeahmten Namen — oder entsprechender Form oder Ausstattung —,
4. unter dem sie dem Bewußtsein des Konsumenten eingeprägt sind, in den Handel gebracht werden."

Der Autor gibt zu, daß diese Definition sehr weitgefaßt ist. Sie sieht z. B. Preisschutz und gleichbleibende Qualität nicht als notwendig an. Praktisch wird damit fast das gesamte Gebiet der Konsumwaren erfaßt. Eine solche Definition ist aber nicht mehr übersichtlich. Sie verwässert gewissermaßen die Idee des Markenartikels, die sich auf die psychologische Voraussetzung des Vertrauens aufbaut. Gewiß, ein Fabrikant kann eine neue Zigarettenmarke lancieren — um bei dem Beispiel zu bleiben, das Pollert angeführt hat. Nun, nachdem sich die Ware eingeführt hat, verschlechtert der Fabrikant aus betriebspolitischen Gründen die Qualität. Nach Pollert haben wir es trotzdem noch mit einem Markenartikel zu tun. Welches ist aber die Wirkung, die diese Verschlechterung hervorruft? Der Konsument wird sich umgehend von dieser Marke abwenden, weil er sich in seinem Vertrauen zu ihr getäuscht fühlt. Es dauert nicht sehr lange, und die Marke verschwindet eines Tages gänzlich vom Markte, um einer neuen Platz zu machen. Warum? Der Fabrikant hat gegen die Idee des Marken-

---
[24]) Sommerfeld, Heinrich, Betriebswirtschaftliche Arbeiten der letzten 2 Jahre. Archiv der Fortschritte betriebswirtschaftlicher Forschung und Lehre I, Stuttgart 1924, S. 149.
[25]) Pollert, Ernst, a. a. O., S. 1.

artikels verstoßen und mußte es deshalb mit in Kauf nehmen, daß der Markt seine Ware in dem Augenblick ablehnte, wo sie im Bewußtsein des Konsumenten wirklich zu einem Markenartikel geworden wäre. Wir übersehen dabei nicht, daß für das Verschwinden einer Zigarettenmarke nicht nur eine Verschlechterung der Qualität maßgebend sein kann, sondern messen dem anderen Umstand eine viel größere Bedeutung bei, daß der Raucher nicht dauernd bei einer Marke bleibt, sondern Abwechslung liebt. Infolgedessen wird bald die eine und bald die andere Marke bevorzugt, und deswegen wohl erscheinen auch in jedem Jahre soviel neue Zigarettenmarken. Wenn man die Sache rein schematisch betrachtet, hat Pollert recht mit seiner Behauptung, daß durch eine Qualitätsverschlechterung nicht der Markenartikelcharakter aufgehoben würde. Aber da die Verschlechterung auch den Tod der Marke bedeutet, ist es doch wohl richtiger, den verpönten Qualitätsbegriff als einen Bestandteil des Markenartikelbegriffes zu betrachten. Sobald eine Qualitätsverschlechterung vorliegt, erkennt der Markt die Marke eben nicht mehr als Marke an, sondern merzt sie aus.

Ähnlich ist es mit den einheitlich festgesetzten Preisen. Wie sehr die Preisbindung in dem Bewußtsein aller Beteiligten, Produzenten und Konsumenten, verankert ist, zeigten die Ereignisse, die zu der Verordnung der Reichsregierung über den Preisabbau bei Markenartikeln geführt haben. Man hat nicht gewagt, an die Aufhebung der Preisbindung heranzugehen. Gerade der Umstand, daß die Markenware im ganzen Reiche den gleichen Preis hat, macht sie nach der Meinung eines Teiles der Ausschußmitglieder für den allgemeinen Verkehr besonders handlich und beliebt. Eine Beweglichkeit des Preises könnte zu einer Abwendung der Käufer von der Markenware führen [26]. (Siehe Abschnitt über das Preisproblem bei Markenartikeln.)

Der Vollständigkeit halber zitieren wir nach Pollert noch die folgenden Definitionen:

Steindamm (K. R. 1927, S. 170): „Der Markenartikel ist ein Artikel, der unter bestimmtem Namen, in gleicher Qualität zu gleichem Preise vertrieben wird, er will also eine einheitliche Qualität und einen einheitlichen Preis garantieren."

Sellert (Markenartikel und Preispolitik, Diss. Freiburg 1927, S. 22): „Demnach wäre der Markenartikel ein Massenprodukt, das nur von einem einzigen Produzenten hergestellt wird und im System der freien Konkurrenz mit einem patentamtlich eingetragenen Warenzeichen versehen, in stets gleichbleibender Verpackung und Ausstattung, in stets gleicher Qualität und Menge, bei ständiger direkter Verbraucherreklame zu einem von dem Hersteller festgesetzten, stets gleichen Verkaufspreis in den Handel gebracht wird."

---

[26] Der Reichswirtschaftsrat über die Markenartikel. Der Drogenhändler, Eberswalde, 25. August 1930.

Geben wir nun Halberstädter das Wort, der im Handwörterbuch der Betriebswirtschaft (IV, S. 450) mit seiner Arbeit „Typung, Sonderung, Normung" den Markenartikel definiert: „Die aus absatzpolitischen Gründen erfolgte bewußte Schaffung von Qualitäts-, Ausführungs- und Aufmachungsformen, die durch eine festliegende, dem Verbraucher bekannte Benennung gekennzeichnet sind und unter dieser Benennung ständig gleichbleibend gehandelt werden." — „Die wirtschaftliche Voraussetzung ist das Vorhandensein eines ausreichenden Massenbedarfes; als technische Voraussetzung muß erwähnt werden, daß das Erzeugnis soweit durchgebildet und erprobt sein muß, daß die Herstellung einer größeren Serie ohne besonderes Risiko möglich erscheint. Produkte, deren Entwicklung sich noch im Flusse befindet sind ungeeignet."

Diese Anschauung kommt unserer eigenen schon weiter entgegen.

Paul Michligk[27]) bemüht sich um eine Definition, im weiteren Sinne, in dem er das Wesen des Markenartikels durch die folgenden Sätze festlegt:

„1. Geschützte Marke, vielfach auch überall gleiche Verpackung.
2. Vom Hersteller festgelegter, überwiegend gleicher Preis. (Ausnahme Automobilbetriebsstoffe.)
3. Verkaufseinheit und Qualität sind gleich, ob man den Artikel in Königsberg oder Köln kauft.
4. Zwischenhändler haben den Artikel aufgenommen, oder die Hersteller haben eigene Verkaufsorganisationen geschaffen.
5. Der Artikel ist als Folge von 4 überall erhältlich.
6. Eine umfassende Werbung des Herstellers hat dafür gesorgt, daß der Artikel beim Verbraucher bekannt ist und er immer wieder daran erinnert wird.
7. Die Bemühungen des Herstellers, durch seinen Artikel die Konkurrenzerzeugnisse weitgehend zu verdrängen, waren erfolgreich, so daß er für die Eigenart seines Artikels eine mehr oder weniger starke Monopolstellung bekommt."

Dieser Autor ist einer genauen Definition wohl geflissentlich aus dem Wege gegangen. Wir sind bei unseren bisherigen Betrachtungen allen von ihm angeführten Wesensmerkmalen schon irgendwie begegnet und brauchen uns daher im Augenblick nicht bei ihnen aufzuhalten.

Herzberger beginnt seine Arbeit über den Markenartikel in der Kolonialwarenbranche mit einer Definition von Lotze[28]): „Unter

---

[27]) Michligk, Paul, Was sind Markenartikel? Verkaufspraxis, Stuttgart 1929, 4. Diesen Aufsatz kann man im eigentlichen Sinne nicht zur wissenschaftlichen Literatur zählen, doch erscheinen uns die Ausführungen des Verfassers als so wesentlich, daß wir sie nicht übergehen konnten.

[28]) Lotze, Emil, Der Markenartikel. Dissertation Frankfurt 1920, S. 4.

einem Markenartikel oder einer Markenware ist im allgemeinen jede Handelsware zu verstehen, die durch ein besonderes Zeichen, Marke genannt, kenntlich gemacht ist." Damit ist wohl die weiteste Fassung des Begriffes Markenartikel erreicht.

Die weiter von Herzberger angeführten Definitionen [29]) bringen keinen neuen Gesichtspunkt mehr. Wir begnügen uns daher mit diesem Hinweis.

c) Festlegung einer allgemeinen Begriffsbestimmung

Befassen wir uns noch einmal mit der Definition von Findeisen. Wir meinten, sie wäre viel zu weit gefaßt, und brachten in Sommerfeld (S. 32) auch einen Kronzeugen für diese Ansicht bei. Nach seiner Meinung hätten wir es z. B. mit einem Markenartikel zu tun, wenn ein Drogist, der sich von den großen Markenartikelfirmen nichts vorschreiben lassen will, irgendwelche Waren, sagen wir einmal Mottenkugeln, in eigene Packungen abfüllt und sie dann in immer gleichbleibender Aufmachung und zum gleichen Preise an seine Kundschaft verkauft. Es ist nicht zu bestreiten, daß hier Merkmale des Markenartikels vorliegen. Wir wiesen aber schon einmal darauf hin, daß ein solcher Artikel praktisch keine größere Reichweite hätte. Wollten wir diese „Meiers Mottenkugeln" etwa in Königsberg erstehen, so wären sie dort vermutlich gänzlich unbekannt. Es fehlt also das Merkmal des großen Verbreitungsgebietes, das wir als besonders wichtig ansehen.

---

[29]) Garbaty, M., Der Markenartikel. Dissertation Leipzig 1920, S. 3: „Unter Markenartikel versteht man Waren, die in einer stets gleichen Aufmachung und Form oder mit einer stets gleichbleibenden Marke versehen, zum gleichen Preis und in gleicher Qualität käuflich sind und deren Absatz nicht an eine einzelne bestimmte Stelle gebunden ist, sondern gleichzeitig an verschiedenen Orten unter denselben Bedingungen vor sich geht."

Szapiro, Jos., Die Theorie der Markenware, Mannheim 1924, S. 44: „Markenware im engeren Sinne (Markenartikel) ist eine Ware, die zur Unterscheidung von anderen Waren derselben Gattung mit einem Wort- oder Bildzeichen versehen ist und auch sonst eine spezifische Aufmachung besitzt, auf Grund deren der Konsument und der Händler über ihre stoffliche und qualitative Beschaffenheit, ihren Charakter, quantitative Abmessung und nicht zuletzt ihre Preisstellung eine genaue Vorstellung besitzt oder sich mühelos verschaffen kann."

Schulte, H., Der Markenartikel, Dissertation Köln 1924, S. 36: „Der Markenartikel ist eine Ware mit patentamtlich eingetragener Marke (Warenzeichen) in stets gleicher Aufmachung, gleicher Güte und Menge, mit festem Preis in den Handel gebracht bei stetiger Werbung für ihn."

Lux, Käthe, Studien über die Entwicklung der Warenhäuser in Deutschland, 1910, S. 142: „Markenartikel sind Waren mit einer patentamtlich eingetragenen Schutzmarke und stehen unter dem Gesetz zum Schutz der Warenbezeichnungen."

Wir sprechen hier von einer Hausmarke, und da es sich um eine Nachbildung des Markenartikels handelt, die nur für einen eng begrenzten Umkreis in Frage kommt, von einer Rückbildung, einem verkümmerten Markenartikel. Dieser Anschauung könnte nun entgegengehalten werden, daß sich aus solchen Hausmarken ja erst der Markenartikel entwickelt habe. Wir selbst haben dafür in Chlorodont ein Beispiel beigebracht. Aber doch darf ein wesentlicher Unterschied nicht übersehen werden: Die Produktionsstätte der Hausmarke „Chlorodont" fiel mit der Vertriebsstätte, Löwenapotheke in Dresden, zusammen und eroberte sich von hier aus den Markt. Die modernen Hausmarken aber, die wir hier im Auge haben, wollen ja das betreffende „Haus" unabhängig vom „zünftigen" Markenartikel machen. Sie wollen nur den großen Markenartikel verdrängen, weil der Verkäufer sich nicht in Abhängigkeit vom Markenartikelproduzenten begeben mag, und haben deshalb nur die Tendenz, in dem lokal begrenzten Käuferkreis des betreffenden Ladengeschäftes maßgebend zu sein. Sie stellen ein Zugeständnis an die Vorteile des Markenartikels dar, ohne daß die Vorteile der freien Ware aufgegeben werden wollen. Der Verkäufer möchte nach wie vor nur das verkaufen, was er will; er möchte weiterhin im althergebrachten Sinn Berater seiner Kundschaft bleiben. Er will also nur Verkäufer sein und legt deshalb auch nur in ganz seltenen Fällen Wert darauf, seine Hausmarke selbst zu fabrizieren. Wo die Eigenfabrikation hinzukommt, wird alsbald der Begriff der Hausmarke in diesem Sinne gesprengt. Die Ware will über den bisher lokal begrenzten Umkreis hinaus neue Absatzgebiete erlangen — sie kann zum Markenartikel werden.

Wir bezeichnen also unter diesem Vorbehalt die Hausmarke als eine Rückbildung des Markenartikels oder sprechen auch von einem unechten Markenartikel. Gehen wir einen Schritt weiter. Die Firma May-Edlich bringt Papierkragen in den Handel, von denen jeder die Marke dieser Firma trägt und für die ein bestimmter Verkaufspreis vorgeschrieben ist. Die Kragen werden in Läden einzeln nach Bedarf aus der Schachtel verkauft. Nach Findeisen haben wir es hier mit einem Markenartikel zu tun. Nach unserer Meinung wäre es ein Markenartikel, wenn man ihn etwa in der Aufmachung bekäme wie einen „Van-Heusen-Kragen", von denen jeder in einem Pergamentbeutel mit Preisaufdruck usw. feilgehalten wird.

Noch ein Beispiel, das Findeisen anführt: das „Dapol-Petroleum" der deutsch-amerikanischen Petroleum-Gesellschaft wird ohne Verpackung im Kleinverkehr gehandelt. Lediglich der vorgeschriebene Preis besteht. Trotzdem handelt es sich nach Findeisen um einen Markenartikel. Er bringt folgende Erklärung dafür bei: „Der Verkauf wird aber in besonderen Verkaufsstellen vorgenommen, wodurch auch bei dieser Ware dem Käufer die Marke beim Kaufe vor Augen geführt wird." Wir können in Dapol keinen Markenartikel sehen. Um die

Unterscheidung recht deutlich zu machen: Solange z. B. die Margarine „Schwan im Blauband" in den bekannten Pfund-Packungen gehandelt wird, sprechen wir von einem Markenartikel; kaufen wir aber die gleiche Ware in einer beliebigen Menge aus einem Eimer heraus, dann sind für uns die Voraussetzungen des Markenartikels nicht mehr gegeben. Die Ware muß ohne jede Veränderung, so wie sie in der Fabrik hergestellt und verpackt worden ist, in die Hände des Verbrauchers gelangen. Vor allem darf der Kleinhändler nichts mehr an ihr ändern.

Wird eine Maschine in Serien hergestellt, trägt sie das Zeichen des Herstellers z. B. A.E.G. oder das Doppel-S von Siemens-Schuckert, und hat jede Maschine den gleichen Preis, so soll es sich wieder um Markenartikel handeln. Wir möchten auch diesmal die Markenartikeleigenschaft verneinen und lieber von einem Spezialerzeugnis, einer Marke, sprechen. Eine gesetzlich geschützte Marke, ein Name, der gleiche Preis oder sonst eines der aufgeführten Merkmale müssen noch lange keinen Markenartikel machen. Einmal schon haben wir festgestellt, daß in fast allen Branchen der Zug zum Markenartikel bemerkbar ist und daß es heute schon schwer wird, genau zu fixieren, wo der Begriff Markenartikel angewendet werden muß. Die Übergänge von einer Entwicklungsstufe zur anderen sind kaum aufzuzeigen, aber doch lassen sich Symptome dieser Entwicklungsstufen erkennen. Als solche Übergänge möchten wir die bisher gezeigten Beispiele benennen. Trotzdem müssen wir für unsere Zwecke den Versuch einer genaueren Abgrenzung des Begriffes des Markenartikels unternehmen. Die uns bekannt gewordenen Anschauungen umfassen fast durch die Bank jeden Artikel der Fertigwaren als Markenartikel, wenn er nur irgendein Merkmal aufweist, das darauf hindeutet. Wenn wir uns wirklich ein deutliches Bild des Markenartikels verschaffen wollen, dann müssen wir seinen Umkreis, wie er bis jetzt gesehen wurde, um ein gutes Stück verkleinern. Wir scheiden aus alle Artikel, die nur eine Schutzmarke oder Herkunftsbezeichnung tragen, alle Artikel, die nur in einem beschränkten Wirtschaftskreis zu lokaler Bedeutung kommen konnten; aber auch alle Artikel die nach Findeisen mit einer „bestimmten gleichbleibenden Verkaufstechnik" angeboten werden; wir legen auch keinen Wert darauf, daß auf jedem Markenartikel seine Herkunft ersichtlich ist. Es kommt fernerhin auch gar nicht darauf an, ob es sich um einen Artikel handelt, der vom Markenschutzverband anerkannt ist oder nicht. Wir werden also nicht unterscheiden zwischen syndizierten und freiverkäuflichen Markenartikeln (obwohl wir uns allerdings in ganz anderem Zusammenhang noch mit dem Begriff des freiverkäuflichen und des nichtfreiverkäuflichen Markenartikels befassen müssen).

Es verbleibt nun nur noch ein verhältnismäßig kleiner Kreis von Artikeln, die wir zu den Markenartikeln zählen. Nach dem Vorausgegangenen betrachten wir als solche:

Alle Artikel, welche in einem möglichst großen Wirtschaftsgebiet überall zum gleichen Preis, in einheitlicher Qualität und Aufmachung wie Verpackung, in standardisierten, überall gleichen Verkaufseinheiten unter einer bestimmten Markenbezeichnung erhältlich sind. Dazu kommt, daß fast jeder Markenartikel dem Konsumenten durch entsprechende Werbung bekannt gemacht werden muß. Infolgedessen wäre man fast versucht, den Begriff der Werbung ebenfalls als ein besonderes Charakteristikum des Markenartikels zu bezeichnen.

Wir legen also besonderen Wert darauf, daß nicht nur einzelne Kennzeichen vorhanden sind, sondern daß die von uns genannten sich alle in einem einzigen Artikel vereinigen, bevor man von einem Markenartikel sprechen kann. So verlangen wir gleiche Aufmachung und Verpackung, nicht eines von beiden. Auch unsere Definition muß notwendig unvollkommen sein, aber durch sie erreichen wir es, daß wir Markenartikel in diesem Sinne in der chemisch-pharmazeutischen, kosmetischen, Lebensmittelindustrie, in der Schokoladenindustrie und allenfalls noch in einigen angrenzenden Zweigen finden, daß aber alle anderen Industrien mit wenigen Ausnahmen ausscheiden müssen. So haben wir den „Van-Heusen-Kragen" schon vorhin als Markenartikel bezeichnet. Man wird Hosenträger, Sockenhalter und ähnliches auch in unserem Sinne als Markenartikel kaufen können, aber es wird unmöglich sein, eine Spezialmaschine oder zehn Pfund Margarine als Markenartikel zu bezeichnen. Unsere Auffassung befindet sich in ziemlicher Übereinstimmung mit der von Hofmann in seinem Buch „Wirtschaftslehre der kaufmännischen Unternehmung" (Leipzig 1932), S. 642—644.

Der Markenartikelfabrikant verläßt sich nicht mehr ausschließlich auf die Vermittlung und Empfehlung des Kleinhändlers. Er macht sich durch seine Werbung beim Konsumenten selbst bekannt. Wenn also heute jemand in einen Laden geht, um sich z. B. Nudeln zu kaufen, so weiß er etwa schon von vornherein, daß er „Drei-Glocken-Nudeln" kaufen will. Der Kauf ist schnell abgeschlossen, weil er durch die Werbung für diesen Artikel schon vorbereitet war. Allerdings geht neben dieser sogenannten Konsumentenwerbung, die typisch für den Markenartikel ist, die um den Kleinhändler nebenher. Man hat den Wert der Schaufenster erkannt und stellt sich nun mit dem Händler besonders gut, um sein Fenster für eine Spezialauslage zu bekommen. Ganz ohne die Mithilfe des Verteilers ist also nicht auszukommen. Gerade die Schaufensterwerbung ist in den letzten Jahren immer mehr in den Vordergrund getreten. Jedesmal geht aber die Werbung vom Produzenten aus, und nur im zweiten Fall leiht der Verteiler seine Mithilfe dazu. Manchmal verlangt er vom Fabrikanten sogar eine Vergütung für das Fenster, das er ihm zur Verfügung gestellt hat. Werbung ist so mit dem Begriff des Markenartikels verbunden, daß er ohne sie fast undenkbar ist. Sie hat das Vertrauensverhältnis zur Ware herzustellen, das man früher dem Verkäufer entgegenbrachte.

Diese Überlegungen rechtfertigen den Gedanken, das Moment der Werbung in den Begriff des Markenartikels ausdrücklich aufzunehmen. Wir halten es jedoch für überflüssig, da der Gedanke der Verbreitung in einem möglichst großen Wirtschaftsgebiet den der Werbung voraussetzt.

C. Das Wesen des Markenartikels

a) Der Markenartikel ein Geschöpf des Produzenten?

Rieger sagt[30]: „Angebot und Nachfrage sind es also, die die Produktion regeln: Nur was begehrt wird, kann auf die Dauer erzeugt werden... Damit steht keineswegs in Widerspruch, daß in vielen Fällen die Herstellung von etwas Neuem erst das Begehren weckt, das sonst vielleicht für immer geschlummert hätte. Weil der einzelne Produzent Erfolg haben will, muß er sich unablässig bemühen, etwas zu finden, was besonders tauschfähig ist, was ihm die Gunst der anderen einträgt. Aber immer muß dieses Neue dem Urteil der Konsumenten unterworfen werden. Hier findet der große Ausleseprozeß statt, dessen Ausfall für Art und Umfang der Produktion entscheidend ist. Mit aller Zähigkeit wird hier unausgesetzt gerungen. An den Markt kommen aber nur die Güter, die den Kampf siegreich bestanden haben, nicht jene, die als unvermeidliche Opfer gefallen sind."

Diese Ausführung Riegers könnte im ersten Teil als eine Bejahung der vorangestellten Frage angesehen werden. Der zweite Teil enthüllt aber deutlich die Abhängigkeit des Produzenten vom Konsumenten. Gerade der Markenartikel ist ein ausgezeichnetes Beispiel dafür, daß letzten Endes jedes Gut, das zum Markte geht, von diesem abhängig ist und daß sich der Markt nichts aufdrängen läßt, auch wenn es noch so sehr den Anschein hat; der Markenartikel, wie er Tag für Tag neu auf dem Markt erscheint und als größte Neuigkeit mit allen möglichen Mitteln angeboten wird, ist insofern ein Geschöpf des Produzenten, als er in der geistigen Werkstatt des Fabrikanten wie auch in seinem Laboratorium entstanden ist und erst nach sehr vielen Versuchen und Untersuchungen seiner Marktfähigkeit der Nachfrage auf dem Markte unterstellt wird. Er ist weiter ein Geschöpf des Produzenten, weil es wohl kaum ein Gut gibt, für dessen Absatz durch das Mittel der Reklame so viel aufgewendet wird wie

---

[30] Rieger, Wilhelm, Einführung in die Privatwirtschaftslehre, Nürnberg 1928, S. 5.

für ihn. Gerade dieser Umstand ist es, der einen zu der Ansicht verleiten könnte, daß es tatsächlich mehr oder weniger, je nach der wirtschaftlichen Kraft des Produzenten, in dessen Gewalt liege, für einen solchen Markenartikel auch das notwendige Absatzgebiet zu schaffen. „Reklame weckt Bedarf" ist ein Satz, der einem heute fast täglich begegnen kann. Es kann ohne weiteres als richtig angenommen werden, daß die Reklame eine große Aufgabe zu erfüllen hat und daß es ihr sehr oft gelingen kann, einen im Unterbewußtsein des Konsumenten vorhandenen Bedarf ans Tageslicht zu fördern und dieses bisher zwar vorhandene, aber doch unbekannte Bedürfnis zu einem vordringlichen zu gestalten. Der Bedarf ist damit geweckt. Aber es ist noch nicht gesagt, ob dieser Bedarf nicht von sehr fraglicher Natur ist und ob nicht seine Befriedigung durch den neuen Artikel für den bedürfenden Konsumenten von so problematischer Natur ist, daß dieser für die Zukunft dann lieber wieder darauf verzichtet, seinen Bedarf weiter auf diese Weise zu decken. Hier zeigt sich dann schon die andere Seite: Der Bedarf ist zwar offenkundig geworden, aber der Konsument lehnt den dafür angebotenen Artikel ab. Es kann nun versucht werden, wie das auch immer wieder geschehen ist, den Konsumenten durch verstärkte Werbung, durch Zugaben und Geschenke aller Art, dahin zu bringen, den neuen Artikel anzunehmen. Ebenso häufig werden aber alle Bestrebungen und alles Geld, das für diesen Machtkampf ausgegeben worden ist, nutzlos vertan sein, weil aus Gründen, die nicht immer in der mangelnden Qualität des Artikels oder seiner unscheinbaren Aufmachung usw. zu suchen sind, der Markt seine ablehnende Stellung nicht aufgibt. Wir wollen den Wert der Bemühungen des Produzenten, seinen neuen Artikel zu lancieren, nicht verkennen. Alle die Mittel, die er dazu gebraucht, also z. B. die Werbung, sind geeignet, seine Chancen auf dem Markte zu verbessern und ihm so von vornherein eine geeignete Ausgangsstellung zu verschaffen. Wir haben schon weiter oben dargelegt, daß rein psychologisch der Konsument heute fast für jeden Markenartikel aufnahmebereit ist, weil dieser eben die Vorliebe des Käufers genießt. Aber diese an und für sich günstige Konstellation hat nichts damit zu tun, daß der Markt sich einen Artikel aufdrängen lassen müßte. Es wird auch nie gelingen, dafür ein Beispiel beizubringen. Im allgemeinen denkt man nur an die großen und erfolgreichen Markenartikel, die das Rennen gemacht haben; an die anderen, die auf der Strecke liegen geblieben sind und die trotz aller Bemühungen wieder in der Versenkung verschwanden, kann man sich schon gar nicht mehr erinnern. Ein Beispiel sei hier genannt: Vor einigen Jahren wollte die amerikanische Kaugummifabrik Wrigley ihr Absatzgebiet auch auf den deutschen Markt ausdehnen. In Amerika hatte sie mit ihrem Artikel ungeheure Erfolge erzielt und durfte deswegen annehmen, daß es ihr mit Hilfe ihrer Reklame gelingen würde, auch in Deutschland einen großen Absatz zu finden. Die Bemühungen, Eingang auf dem deutschen Markte zu finden, setzten alsbald in großem Maßstabe ein, und eingeweihte Kreise sprachen von ganz großen Zahlen, die für die Reklamemaßnahmen der Firma eingesetzt waren. Tatsächlich war es auch sehr bald gelungen, den Namen Wrigley bekannt und populär zu machen. Es ist aber noch ein großer Schritt von dem Bekanntsein beim Konsumenten bis zur Erregung seines Kaufwillens. Wie groß dieser Schritt ist und daß er manchmal unmöglich gemacht wird, mußte die Wrigley-Fabrik erfahren. Jahr für Jahr hatte sie Verlustabschlüsse, und seit einiger Zeit ist es um Wrigley sehr stille geworden.

Wir können nun sagen: der Markenartikel ist zwar wie jedes andere Gut auch von der Entscheidung des Marktes abhängig, aber durch die besonderen Maßnahmen, die der Produzent für seine Verbreitung und Anerkennung treffen kann, ist die Möglichkeit gegeben, daß — wenn schon die psychologische Geneigtheit des Marktes zu seiner Anerkennung vorhanden ist — diese Anerkennung viel schneller und im ganzen nationalen Wirtschaftsgebiet mehr gekräftigt wird, als dies bei einem anderen Artikel der Fall ist, der eben zuerst nur einem beschränkten Kreis von Marktkontrahenten bekannt wird und dessen Verbrauch sich dann weiter langsam auf das ganze Marktgebiet ausdehnt. Diese Chancen des Produzenten sind beim Markenartikel also größere als im anderen Fall; allerdings ist auch das Risiko ein um soviel größeres.

b) Das Preisproblem beim Markenartikel

Nach unserer Definition ist ein besonderes Merkmal des Markenartikels sein fester Preis. Es besteht nicht nur ein einheitlicher Konsumentenpreis, sondern auch die Einkaufspreise für Grossisten und Detaillisten sind genau festgelegt. Im ganzen Verbreitungsgebiet des betreffenden Artikels kann man ihn also stets zu einem gleichbleibenden Preis kaufen. Ja, die Preise der Markenartikel scheinen sich unabhängig gemacht zu haben von dem Gesetz von Angebot und Nachfrage, das sonst das Marktgeschehen beherrscht. Ob die Nachfrage steigt oder fällt, ob das Wirtschaftsleben sich in einem Zustande befindet, den man mit einer Agonie vergleichen könnte, oder ob es sich in höchster Blüte befindet, die Markenartikelpreise scheinen davon nicht berührt zu werden.

Damit unterscheidet sich der Markenartikel grundsätzlich von den übrigen Gütern, die zum Markte kommen, abgesehen von dem durch kartellmäßige Vereinbarungen preisgebundenen Waren. Es scheint, als wäre er ein Fremdkörper im Gefüge der freien Wirtschaft. Daß es doch nicht ganz so ist, haben wir in unseren bisherigen Ausführungen mit Nachdruck betont.

Gerade wegen dieser auffälligen Ausnahmestellung ist hier der Streit der Interessenten besonders heftig, und man kann die zwei Lager der Freunde und Gegner dieser Preispolitik in Theorie und Praxis sehr scharf trennen. Es soll hier unsere Aufgabe sein, die Argumente beider Parteien zu untersuchen und damit womöglich zu einer Klärung dieses Phänomens zu kommen.

Beginnen wir mit den gegenseitigen Argumenten. An sich ist der Streit um die Preispolitik fast so alt wie der Markenartikel selber. Die Erörterungen über diese Frage nehmen in allen Fachzeitschriften der beteiligten Zweige eine recht bedeutende Stellung ein.

Wie die Stellung des Konsumenten zur Preisfrage ist, läßt sich weit schwerer feststellen. Konsumentenorganisationen gibt es nicht oder nur vereinzelt. Wir wollen einmal als richtig unterstellen, daß die Tageszeitungen als Sprachrohre der Konsumenten gelten können. Seitdem wir in Deutschland die schwierigen wirtschaftlichen Verhältnisse haben, tauchen in der Tagespresse immer wieder Stimmen auf, die sich gegen den Markenartikelpreis wenden. Im „Vorwärts" vom 6. November 1928 konnte man einen Aufsatz lesen: „Amtlich geschützter Kartellwucher". Es wird dem Leser vorgerechnet, daß bei Markenartikeln der Konsumbranche, wie Nahrungsmittel, Waschmittel usw., mit Nutzensätzen für den Händler bis zu 55 % gerechnet wird, während die für Arzneimittel noch weit darüber hinausragen. Dem Konsumenten würden also überhöhte Preise abverlangt.

Als weitere Vertreter der Konsumenten traten die Gewerkschaften auf den Plan. In den Nummern 10 und 16 der „Deutschen Handelswacht" von 1928 (Zeitschrift des Deutschnationalen Handlungsgehilfenverbandes) finden sich die Artikel „Die überteuerten Markenartikel" und „Reallohnerhöhung durch Preissenkung der Markenartikel". Da beim Absatz der Markenartikel kein Risiko sei, wäre ihre Preisüberhöhung nicht verständlich. Für Arzneiwaren werden bis zu 118 % Verdienstspanne errechnet, für Kosmetika bis zu 67 % und für Massenartikel der Markenfirmen, z. B. Kathreiners Malzkaffee, bis zu 55 %. Diese Preise seien monopolistisch. Dagegen müsse auch durch die Rechtsprechung eingeschritten werden.

In einem Artikel des „Süddeutschen Drogistenblattes" vom 19. Juni 1929 wird Bezug genommen auf den internationalen Kongreß der christlichen Gewerkschaften in München, wo der Verbandsgeschäftsführer erklärt haben soll: „Das Markenartikelwesen stellt trotz aller Abstreitung eine Kartellierung in höchster Potenz dar. Die 232 Markenartikelfabriken in Deutschland haben einen eingetragenen ‚Markenschutzverband' begründet. Durch eine Riesenreklame werden insbesondere den Hausfrauen die Markenartikel täglich eingehämmert. Die Reklame bezahlt der Konsument, die Handelsaufschläge auf die Markenartikel sind meistens exorbitant. Gegen diesen Unfug gibt es außer den gesetzlich zu ergreifenden Mitteln ein gutes Mittel, nämlich die Konsumvereine. Dort sind die erstklassigen Lebensmittel und Gebrauchsartikel erheblich billiger als die sogenannten Markenartikel. Die christlichen Gewerkschaften haben nunmehr in ihr wirtschaftliches Programm das Verbot der Bindung des Einzelhandels durch Syndikate, Kartelle und den Markenschutzverband hinsichtlich der Kleinhandelspreise aufgenommen."

In der Zeitschrift „Kosmetik" 1924/4 liest man von einem scharfen Angriff des Abgeordneten Büll-Hamburg gegen einen Vertreter des Reichswirtschaftsministeriums, der sich bei den Beratungen des Etats des Reichswirtschaftsministeriums gegen den Preisschutz für Markenartikel ausgelassen hatte: „Preisvereinbarungen und dergleichen seien überhaupt unzweckmäßig, nur im freien Wettkampf dieser Schichten werde sich die Absonderung der gesunden und natürlichen Kreise des Mittelstandes ergeben."

Diese Stimmen mögen uns genügen. Sie wenden sich alle gegen die Preisbindung, weil dadurch nach ihrer Ansicht die Bildung eines „normalen" Preises verhindert wird und ein einseitiger Preisvorteil zugunsten des Verteilers, aber zum Nachteil des Verbrauchers zustande kommt. Der Verbraucher müsse deshalb den Markenartikel ablehnen.

Sehen wir uns in der Händlerschaft um. Eindeutig ablehnend ist die Stellung der „Zeitschrift für Waren- und Kaufhäuser". In ihrer Nummer 42 vom 18. Oktober 1930 schildert Dr. Herbert Silbe die „Volkswirtschaftlichen Nachteile der Preisbindungen für Markenartikel". Der Verfasser meint, daß die vorgeschriebenen Verkaufspreise dem Markenartikel an sich fremd seien. Es bestehe die Gefahr, daß der Einzelhandel durch das „Überhandnehmen der Markenartikel" an Einfluß auf die Preisgestaltung verliere. „Durch Verbilligung der Markenwaren kann die Möglichkeit erreicht werden, den Umsatz in diesen Artikeln zu steigern." — „Für die Industrie ist es also keinesfalls ausgemacht, daß ihr die straffen Preisbindungen auf jeden Fall Vorteil bringen müssen." — „Durch die Lockerung der Preisbindungen bei Markenartikeln zugunsten der Konsumenten würde die Möglichkeit einer gesunden und starken Konkurrenz eintreten." Und jetzt kommt des Pudels Kern: die Markenartikel in ihrer jetzigen Erscheinungsform konnten noch nicht gut in das Gefüge des Warenhauses eingeordnet werden: „Die Waren- und Kaufhäuser haben bisher nur in relativ geringem Umfange — gemessen an ihrem Gesamtumsatz — Markenartikel auf den verschiedensten Bedarfsgebieten vertrieben. Würde man auf eine Lockerung der Preisbindungen zugunsten der Konsumenten zukommen, so hätte das mit aller Wahrscheinlichkeit zur Folge, daß von ihnen (den Warenhäusern d. V.) in stärkerem Maße Markenartikel abgesetzt würden."

Weniger scharf lehnen die „Vereinigten Süßwarenzeitungen" vom 23. Januar 1931 den Preisschutz ab: „Das kaufende Publikum wurde nun einmal durch verschiedene Vorkommnisse, Einführungen und ähnliche Umstände im Laufe der Zeit dazu erzogen, den Markenartikeln ein besonderes Vertrauen entgegenzubringen, so daß der Käufer ruhig einen um einige Punkte höheren Verkaufspreis bezahlt. Ein ganz großer Teil der Käuferschaft wird es auch in Zukunft so halten. Andere werden dagegen von ihrer Überzeugung oder Gepflogenheit doch abgehen müssen. Dies kann dazu führen, daß die Markenartikel auf diesem Umweg langsam ihre Sonderstellung einbüßen werden müssen. Ein Ausweg liegt darin, daß man der Zeit und verminderten Kaufkraft des Publikums entsprechend auch eine Herabsetzung der Markenpreise vornimmt."

An der Preisbindung selbst wird also nicht gerüttelt. Man empfindet nur die Preise selbst als zu hoch.

Auf diesen ablehnenden Anschauungen der Praxis fußen auch einige Juristen und wirtschaftswissenschaftliche Theoretiker, deren Hauptgründe wir noch darlegen wollen:

Rechtsanwalt Dr. Goldbaum nahm 1928 im „Berliner Tageblatt"[31]) zur Judikatur „gegenüber den Schleuderern mit Markenartikeln" Stellung. Das Ziel müsse sein „die Erreichung des juristisch wie wirtschaftlich unanfechtbaren Grundsatzes, daß ohne Rücksicht auf den Erwerb (abgesehen natürlich von Hehlerei) der Verkauf von Waren zu ermäßigten Preisen oder unter Gewährung von Bar- oder Naturalrabatt dann kein Schleudern sei, wenn die Rabattierung noch einer vernünftigen Kalkulation entspreche, vor allem geringere Gestehungskosten berücksichtige". Im „Berliner 8-Uhr-Abendblatt"[31]): Es sei eine merkwürdige Sache, daß eine Ware (Markenartikel d. V.) durch ihren Preis charakterisiert werden solle. „Es droht daneben eine Abwanderung des Publikums von den Markenartikeln, denn auf die Dauer werden die Massen es ablehnen, allzu hohe Zwischengewinne sich überwälzen zu lassen."

Interessant in diesem Zusammenhang ist schließlich noch Dr. Goldbaums Definition des Markenartikels: „Waren, deren Verkauf dem Detaillisten einen risikolosen Verdienst garantiert, da der Detaillist um besondere Bezugsquellen sich nicht zu bemühen, keine Reklame zu machen, keinen Verderb zu befürchten und keine Verpackung zu leisten hat[31])."

Ernst Pollert kommt am Schluß seiner schon mehrfach zitierten Arbeit über die Preisbildung bei Markenartikeln zu folgendem Ergebnis[32]): „Die Dinge liegen so, daß mit Hilfe der Einzelhandelspreisbindung jede dem Konsumenten zugute kommende marktmäßige Preis-

---

[31]) Zitiert nach Aufsätzen in der Drogistenzeitung, Leipzig, vom 4. Dezember 1928 und 16. April 1929 und „Der Drogenhändler", Eberswalde, vom 10. Juni 1929.

[32]) Pollert, Ernst, a. a. O., S. 90.

regulierung ausgeschaltet ist. Dafür wird der Konkurrenzkampf der Produzenten um die Gunst des Händlers mit besonderer Härte geführt. Und das, was in einer freien ökonomischen Entwicklung in Form von geringeren Preisen das Realeinkommen des Konsumenten steigern würde, wird hier den Händlern in Form von übermäßigen Rabatten zugewiesen oder auf ungesund hochgezüchtete Reklamefeldzüge verwendet. So wird ein Eingriff erforderlich, der durch Verbot der Einzelhandelspreisbildung die Preiskonkurrenz vor dem Konsumenten freizulegen hat. Oder die Wirtschaftspolitik des Staates ist hier wieder einmal gezwungen, wegen Überspannung privater Machtstellung eine Beaufsichtigung herbeizuführen. Ihre Aufgabe wäre es dann, eine Preisüberhöhung trotz festgesetzter Einzelhandelspreise zu verhindern."

Wir werden gerade zu den Ausführungen Pollerts noch ausführlich Stellung zu nehmen haben. Vorläufig wollen wir aber noch Stimmen der Händlerschaft hören, die der Preisbindung das Wort reden:

Den besten Überblick vermag man zu gewinnen, wenn man die verschiedenen Händlerzeitschriften studiert. Mit wenigen Ausnahmen (siehe Zeitschrift für Waren- und Kaufhäuser) setzen sie sich alle, man möchte fast sagen leidenschaftlich, für die Preisbindung ein. Nur wird hier und da die Forderung erhoben, daß die Preisfestsetzung nicht mehr einseitig vom Fabrikanten allein vorgenommen werden dürfe, sondern daß auch die Händlerschaft dabei mitwirken solle. Die Händler möchten also ihre bisherige passive Rolle zu einer mehr aktiven umgestalten, damit sie nicht mehr ganz hilflos der „Willkür" der Fabrikanten ausgeliefert sind. Der Händler ist aus verschiedenen Gründen gefühlsmäßig gegen den Markenartikel eingestellt. Wir werden das noch weiter auszudeuten versuchen. Aber es besteht Einigkeit darüber, daß man ohne Markenartikel nicht auskommen kann. Um sich von der Bindung an den Fabrikanten frei zu machen, geht man zur Schaffung eigener Markenwaren über. So spielen jetzt schon im Drogenhandel die sogenannten „De-Dro-Artikel"[33]) eine nicht zu unterschätzende Rolle. Auf die Edeka-Marken[34]) sei nur hingewiesen. Auch die Großeinkaufsgenossenschaft „Nürnberger Bund" hat ihre Händlermarken. Sobald es sich um Preisermäßigung handelt, ist die Händlerschaft auch damit einverstanden, nur sollen die bestehenden Händlerrabatte nicht ermäßigt werden, sondern der Produzent müsse die Preisermäßigung auf sich nehmen.

Heickendorf (stellvertretender Vorsitzender des Deutschen Drogistenverbandes) sprach am 6. Oktober 1930 im Einzelhandelsausschuß des

---

[33]) Markenartikel der De-Dro Zentralgenossenschaft deutscher Drogisten e. G. m. b. H. Dresden.

[34]) Handelsmarke des Edeka-Verbandes deutscher kaufmännischer Genossenschaften.

Deutschen Industrie- und Handelstages über Preisbindung bei Markenartikeln [35]): „Es hat selbstverständlich sowohl der Groß- wie auch der Einzelhandel ein Interesse am Bestehenbleiben der Preisbindung. Vom Verlust kann er nicht leben, und die heutigen Nutzensätze sind keineswegs übersetzt. Der Großhandel verdient durchschnittlich 10 bis 15 %, ausnahmsweise vielleicht einmal 20 %. Seine Unkosten sind, soweit mir bekannt, zirka 10 bis 14 %, so daß man seine Nutzensätze wohl nicht beanstanden kann. Der Einzelhändler erhält 20 bis 45 %, in Ausnahmefällen vielleicht einmal 50 % Rabatt, wobei man als Durchschnitt 30 bis $33^{1}/_{3}$ % annehmen kann. Nun sind aber laut Statistik des Deutschen Drogistenverbandes, dessen Mitglieder wohl die Hauptverteiler für die meisten Markenartikel sind, die Unkosten zwischen 19,7 und 26,3 %. Diese Zahlen gelten für das Jahr 1928. Ich bin davon überzeugt, daß die Zahlen für 1930 höher werden, einmal wegen des infolge der schlechten Wirtschaftslage erfolgten allgemeinen Rückganges des Umsatzes, dann aber auch wegen der inzwischen eingetretenen Steigerung der Unkosten."

In der Entschließung des Deutschen Industrie- und Handelstages, die auf diesen Vortrag hin gefaßt wurde, heißt es u. a. [35]): „Die Einrichtung der Markenartikel schließt einen großen volkswirtschaftlichen Wert in sich. Sie gibt grundsätzlich eine Gewähr für gute und gleichmäßige Qualität und damit für eine in der Güte gleichbleibende Versorgung der Bevölkerung mit hochwertigen Waren. Zur Erhaltung dieser Vorzüge des Markenartikels ist die Preisbindung erfahrungsgemäß ein wichtiges Mittel. Diese Vorzüge würden ernstlich gefährdet werden, wenn die Aufhebung der Preisbindung Anlaß geben würde, Markenartikel als Lockartikel durch Preisunterbietung unter der für den Handel notwendigen Spanne zu verkaufen und, wie zu befürchten steht, einen Ausgleich der Preisunterbietung in einer Verminderung der Güte zu versuchen. Dem Bedenken, daß die Preisbindung in der Richtung einer volkswirtschaftlich ungerechtfertigten Preishochhaltung wirke, steht die Tatsache gegenüber, daß die Markenartikel besonders bei den hier in Frage kommenden Lebens- und Genußmitteln keine Monopolstellung einnehmen, sondern in starkem Wettbewerb sowohl mit Markenwaren gleicher Art (auch Eigenmarken des Handels), als auch mit nicht preisgebundener, insbesondere loser Ware stehen, wie denn auch der Anteil der preisgebundenen Markenware in dem Verbrauch des Haushaltes nur eine untergeordnete Rolle spielt."

Tiburtius [36]) „sprach sich gegen die Aufhebung der Preisbindung für Markenartikel aus, da nicht nur der Einzelhandel, sondern auch die Hausfrauenverbände und andere Wirtschaftsgruppen davon eine

---

[35]) Zitiert nach „Der Drogenhändler", Eberswalde, vom 27. Oktober 1930.

[36]) Der Drogenhändler, Eberswalde, Stellungnahme der Hauptgemeinschaft zu den aktuellen Fragen, 7. Oktober 1930.

Schädigung der Markenartikelqualität und keine Senkung zugunsten des Verbrauchers, sondern nur eine Verschiebung des Preisniveaus zu Lasten der freien Waren befürchten".

Thiessen stellte die Forderung zur Mitwirkung des Handels an der Festsetzung der Markenartikelpreise [37]: „Der Markenartikel verlangt seiner Natur nach feste Verkaufspreise — darüber sind sich alle Gruppen der Wirtschaft einig. Lassen wir am festen Verkaufspreis nicht rütteln ... Bei der heutigen Sachlage setzen die Fabrikanten die Preise für ihre Artikel nicht nur für ihre unmittelbaren Abnehmer, sondern gleich für sämtliche Abnehmer bis zum letzten Verbraucher fest. Das ist nicht mehr haltbar, oder Schleuderei und Rabattgabe hören nie auf. Solange der Handel an der Festlegung der Verkaufspreise und damit auch seiner Einkaufspreise nicht beteiligt ist, wird er die Verantwortung für die Innehaltung der Preise trotz Reverses nicht so tragen, wie er sie tragen würde, wenn er offiziell bei der Preisfestsetzung mitgewirkt hätte."

Charlotte Mühsam-Werther, eine Führerin der Hausfrauenverbände, erklärte [38], daß man bei Markenartikeln unbedingt an dem überall gleichen Preise festhalten müsse; der gebundene Preis gehöre zum Markenartikel und trage wesentlich dazu bei, das Vertrauen zu dem Artikel zu erhalten. Würde der Artikel zu verschiedenen Preisen gehandelt, so verlöre die Hausfrau das sichere Gefühl, eine gleichbleibende Qualität zu erstehen. Sie würde fürchten, zu billigerem Preise etwas Minderwertiges zu erhalten [39].

---

[37] Der Drogenhändler, Eberswalde, vom 29. September 1930.

[38] Drogistenzeitung, Leipzig, vom 4. November 1930. Cohen-Reuß zur Preissenkungsaktion bei Markenartikeln. Ein Rundfunkzwiegespräch zwischen Cohen-Reuß und Charlotte Mühsam-Werther.

[39] Zu diesem Thema bringt „Der Parfümeriehandel", Berlin, vom 15. Juli 1929 mit sichtlichem Wohlbehagen folgende Geschichte, die er einer amerikanischen Fachzeitschrift entnommen hat: „Letztens wurde zwischen New-Yorker Warenhäusern ein Kampf um die Preise von verschiedenen führenden Parfümerieartikeln ausgefochten. Dieser förderte einen sehr interessanten Tatbestand zutage. Es scheint, daß die Käufer sich fast ausnahmslos in der gleichen Weise verhalten:

Die Kundin nähert sich der Verkäuferin: „Geben Sie mir bitte eine Reinigungscreme von Blank." — „Bitte sehr, meine Dame, 53 Cent, wünschen Sie sonst noch etwas?" — „53 Cent? Ich hab doch immer einen Dollar bezahlt, warum ist sie denn billiger geworden?" — „Es hat weiter keinen besonderen Grund, nur wegen unserer neuen Preispolitik." — „Ach so, und wie steht es um die Creme von Brown, ist sie auch zurückgesetzt worden?" — „Nein, sie kostet immer noch einen Dollar." — „Gut, dann will ich lieber davon haben, außerdem einen Lippenstift und eine Schachtel Puder."

Seltsame Wesen, diese Frauen, sie wollen nichts umsonst haben, wird man sagen, und in diesem Falle stimmt es, denn Schönheit ist etwas, wofür die

Cohen-Reuß, Vorsitzender der Kommission zur Untersuchung über die Preisbindung bei Markenartikeln, meint [38]): „Wenn die Preise für Markenartikel gedrückt werden, so könnte es auf die Dauer nicht ausbleiben, daß der Handel — um der Forderung des Publikums nach möglichst billiger Ware entgegenzukommen — auf die Schaffung billiger Qualitäten dringen würde. Das müßte notwendig dazu führen, daß auch die großen Firmen Waren minderer Qualität auf den Markt bringen müßten. Im übrigen sei die bei einer Aufhebung der Preisbindung zu erwartende Verbilligung nur eine scheinbare. Die Markenartikel würden zu sogenannten Lockartikeln werden, und der mangelnde Verdienst würde bei anderen Waren, deren Preise vom Publikum nicht so leicht beurteilt werden können, zu um so höheren Aufschlägen führen."

In dem Gutachten des Reichswirtschaftsrats über die Markenartikel wurde u. a. zum Ausdruck gebracht [40]): Hier „ist insbesondere von Bedeutung die Frage, ob die Vorzüge der Markenware auch bei Aufhebung vereinbarter Preisspannen beibehalten werden können. Diese Frage ist umstritten. Gerade der Umstand, daß die Markenware im ganzen Reich genau denselben Preis hat, macht sie nach der Meinung eines Teiles der Ausschußmitglieder für den Verkehr besonders handlich und beliebt. Eine Beweglichkeit des Preises könnte zu einer Abwanderung der Käufer von der Markenware führen."

Frau nur allzu gerne bezahlt. Am meisten ist sie dazu bereit, wenn sie Qualitätswaren sieht und für Qualität, das weiß jede, ist kein Preis zu hoch.

Wie ist es aber, wenn man Qualitätswaren billig bekommen kann? Diese Tatsache läßt die Frauen völlig kalt; sogar ein ganz armes Mädchen hat eine besondere Freude daran, erhebliche Preise für ihre Kosmetikas zu bezahlen. Sie wertet das höher, wofür sie mehr ausgegeben hat. Eine Frau empfindet natürlicherweise Mißtrauen, wenn sie billige Lotionen und Puder auf ihre Haut einwirken läßt, sie zweifelt an ihrer Güte. Das Etikett „Sehr zurückgesetzt" auf einem Parfümerieartikel bedeutet den meisten Frauen lediglich soviel, daß sie eine mißglückte Ware vor sich haben, die ihr Ansehen eingebüßt hat. Sie greifen instinktiv nach einem anderen Artikel, der zu seinem vollen Preis verkauft wird.

Ein bedeutender Schönheitssalon hatte unter seltsamen Formen der Preisschleuderei zu leiden. Frauen brachten Waren, die sie auf den „billigen Tischen" erstanden hatten, wieder zurück, beklagten sich, sie sei schlecht und verlangten Umtausch. Es ist ganz selbstverständlich und ich brauche es eigentlich kaum zu erwähnen, daß die Ware vollkommen einwandfrei war. Die Dinge lagen einfach so, daß Preisschleuderei Zweifel an der Qualität erzeugt."

[38]) Fußnote 38 s. vorige Seite.
[40]) Drucksachen Nr. 366 und 377 des Vorläufigen Reichswirtschaftsrates betr. „Gutachten des Vorläufigen Reichswirtschaftsrates zum Entwurf einer Verordnung über Preisbindungen von Markenwaren" und „Gutachten des Vorläufigen Reichswirtschaftsrates zu der dem Entwurf einer Verordnung über Preisbindungen für Markenwaren angehängten Warenliste".

Lampe kommt in seiner Arbeit über den Einzelhandel [41]) zu dem Ergebnis: „Unbedingt wirtschaftsschädlich erscheint die Preisbindung insofern, als sie den gerade von den Bewegungen des freien Marktpreises ausgehenden Anreiz zur Tätigung rechtzeitiger Meinungskäufe aufhebt und zu verschärfter Zurückhaltung der Aufträge in Zeiten absinkender Konjunktur drängt. Die Lagerhaltung des Einzelhandels steht also in enger Verbindung mit der Preispolitik. Die Unzulänglichkeiten des Preisregulators können nicht durch seine Ausschaltung, sondern nur durch seine Verbesserung bzw. durch Erhöhung der Marktübersicht behoben werden."

Nun fehlt nur noch die Stimme der Produzenten. Durch die Schaffung des Markenschutzverbandes haben sie ihre Stellung zur Preisbindung eindeutig festgelegt. Wir brauchen also nur darauf hinzuweisen. Zur Frage der Aufhebung des Preisschutzes hat sich der Markenschutzverband wie folgt geäußert [42]): „Der Markenschutzverband warnt die Reichsregierung dringend vor dem Experiment einer Aufhebung des Preisschutzes für Markenartikel; die Verwirklichung dieses Experiments müßte notwendigerweise eine schwere Schädigung der Industrie und des Handels, überhaupt der gesamten deutschen Wirtschaft, nach sich ziehen. Nicht nur die Markenartikelindustrie, nicht nur der organisierte Groß- und Einzelhandel, sondern auch die maßgebenden Hausfrauenverbände treten für die Aufrechterhaltung des Preisschutzes ein. Der Preisschutz ist ein Qualitätsschutz. Er dient den Verbrauchern durch die Gewährleistung für stets gleichbleibende Güte der Ware, er gewährt den Vorteil des für ganz Deutschland geltenden gleichen einheitlichen Preises und sichert nicht zuletzt die Verbraucher gegen Überforderung. Gegner des Preisschutzes sind die gemeinschädlichen Schleuderfirmen, die Markenartikel durch Preisunterbietung als Lockmittel zu benutzen suchen, um dann für andere Waren, deren Preis und Qualität das Publikum nicht zu schätzen vermag, um so höhere Preise zu fordern. Gegner des Preisschutzes sind Unternehmen, die aus Gründen des Wettbewerbs den Vertrieb eigener, oft minderwertiger Ersatzwaren, durch Verdrängung der Markenartikel zu fördern suchen, sowie einzelne akademische Theoretiker, denen die praktische Erfahrung im Wirtschaftsleben fehlt."

Als die Notverordnung über den Preisabbau bei Markenartikeln erschien, mußten alle Stimmen aus den verschiedenen Lagern der Wirtschaft schweigen. Gegen das Machtwort des Staates kann nichts unternommen werden.

---

[41]) L a m p e, Adolf, Der Einzelhandel in der Volkswirtschaft, Berlin 1930, S. 68.

[42]) Der Drogenhändler, Eberswalde, vom 8. Dezember 1927, Markenartikel und Preisschutz.

Damit wollen wir unseren Überblick über die Stellungnahme für oder wider die Preisbindung aus allen Lagern der Beteiligten wie auch der Theoretiker abschließen. Wir haben die Einzelheiten zusammengetragen, ohne bisher selbst dazu Stellung zu nehmen. Nun wollen wir den Versuch unternehmen, die vorgebrachten Argumente zu beleuchten und zu einer eigenen Stellungnahme zu gelangen.

1. Die Preisbindung ermöglichte für Markenartikel überhöhte Preise. Vor allem der Handel, aber auch die Produktion sind die Nutznießer zum Schaden der Konsumenten wie der gesamten Volkswirtschaft. Also muß die Preisbindung aufgehoben werden.

Zuerst wäre es wohl einmal nötig, den Begriff „überhöhte Preise" zu klären. Überall wird er gebraucht, ohne daß es doch möglich wäre, ihn etwa zur genauen Unterscheidung von dem Begriff „gerechter Preis" oder „richtiger Preis" zu verwenden. Wo etwa beginnt der „überhöhte Preis"? Ist also z. B. ein Verkaufspreis für Zahnpasta, der dem Handel eine Verdienstspanne von $33^1/_3\,\%$ gewährt, noch der „normale" Preis und ist der mit einer Verdienstspanne von $33^2/_3\,\%$ schon ein „überhöhter Preis"? Irgendwo müßte doch ein Trennungsstrich zu ziehen sein? Aber tut man damit nicht den Dingen Gewalt an? Rein auf Grund gefühlsmäßiger Wertungen zu unterscheiden, dürfte doch wohl abwegig sein. Man könnte vielleicht von überhöhten Preisangeboten sprechen, wenn ein Preis vom Markte abgelehnt wird, wenn keine Nachfrage mehr auftritt, oder wenn die Nachfrage so gering ist, daß der Produzent gezwungen wird, seinen Preis zu ermäßigen, wenn er noch weiter verkaufen will.

Wieso kommt es aber, daß die Öffentlichkeit gerade an den „Wucherpreisen" der Markenartikel Anstoß nimmt? Man spricht davon, daß der Fabrikant den Preis diktieren könne, ohne auf wirtschaftliche Gegebenheiten Rücksicht nehmen zu müssen, weil seine Artikel eine monopolartige Stellung innehätten. Dabei scheint man aber immer zum Vergleich die freien Artikel heranzuziehen, ohne sich darüber klar zu sein, daß es sich hier um ungleiche Größen handelt, die gar nicht miteinander verglichen werden können.

Wir haben im Verlauf unserer Untersuchung schon nachgewiesen, daß es auch für Markenartikel kein Monopol gibt, daß im Gegenteil die Gesetze der freien Konkurrenz sich hier noch viel schärfer auswirken als bei den freien Waren. Man denke nur einmal ein wenig darüber nach, was für eine Unmenge gleichartiger kosmetischer Markenartikel verschiedener Herkunft bestehen, die alle miteinander um die Gunst des Konsumenten ringen!

Solche Beispiele ließen sich viele anführen. Wir erleben es tagtäglich, wie immer neue Markenartikel auftauchen und verschwinden und nehmen das gleichgültig und gelassen hin. Aber in den Lagern der Fabriken und Händler sammeln sich in ganz kurzer Zeit Unmengen solcher ausgebooteter Markenartikel an. Sie sind einfach nicht mehr verkäuflich, fristen eine Zeitlang ein unbeachtetes Dasein als Ladenhüter und enden irgendwo einmal im Dunkeln. Artikel, die eine monopolähnliche Stellung haben (man kann sie wohl an den Fingern einer Hand abzählen), haben doch wohl eine andere Laufbahn. Gerade im Hinblick auf dieses mögliche Marktschicksal ist aber auch die Kalkulation des Artikels eingestellt.

Soweit es sich um Arzneiwaren handelt, über deren Preise am meisten geklagt wird, müssen sie aus unseren Erörterungen ausscheiden. Hier hat der Gesetzgeber die Gewinnsätze durch die Arzneitaxe vorgeschrieben. Dabei hat er sicherlich auf die besondere Struktur der Apotheke Rücksicht genommen. Es handelt sich also um einen Eingriff des Staates, durch den die freie Preisbildung dem Markt entzogen worden ist.

Alle übrigen Markenartikel sind genau so gezwungen, wie jedes andere Gut auch, sich in das bestehende Preisgebäude einzuordnen, wenn sie Aussicht auf Erfolg haben wollen. Es gibt Artikel, für die der Verbraucher viel Geld ausgeben will, weil er dafür nur das Allerbeste wünscht. Dazu gehören z. B. die Kosmetika (s. Anmerkung [38]). Wenn dann z. B. ein Haarwasser auf dem Markt erscheint, das um die Hälfte des Preises der bisherigen Marken zu haben ist, so ist damit noch lange nicht ausgemacht, daß es nur wegen seines billigen Preises auch den erstrebten Erfolg haben wird, selbst wenn die Qualität die gleiche ist. Es bietet zwar dem Konsumenten einen beträchtlichen Vorteil, und „es dient den Interessen der Gesamtwirtschaft", nur ist es eben mehr als fraglich, ob sich der Konsument diesen gebotenen Vorteil auch aufdrängen läßt. Gerade auf diesem Gebiete sind sehr viele Imponderabilen maßgebend, die sich niemals durch Zahlen festhalten und in eine Kalkulation einsetzen lassen. Der Preis ist abhängig von dem der Konkurrenzerzeugnisse, die dem gleichen Bedürfnis dienen. Es handelt sich also nach Lukas [43]) um ein zusammengesetztes Angebot.

In diesem Preis sind aber auch entsprechende Kostenfaktoren enthalten: sehr hohe Lagerhaltungskosten, große Konkurrenz der gleichartigen Artikel untereinander und gegen die benachbarten, ähnlichen wie gegen Surrogate, die Gefahr, zum Laderhüter zu werden, weil der Markenartikel sehr stark von den Wandlungen der Mode und des Geschmacks abhängig ist.

Je mehr ein Markenartikel in die Sphäre des wirklichen Massenartikels, der von jedermann gebraucht wird, vordringt, desto geringer wird die Anzahl der einzelnen Marken und desto niedriger werden die Preise und damit die Verdienstspannen sein. Die Namen Persil oder Lux oder Sunlicht-Seife mögen das kennzeichnen, was wir meinen.

---

[43]) L u k a s, Eduard, Grundriß der allgemeinen Volkswirtschaftslehre. E. G. Weinmann, Leipzig o. J., S. 54.

Nach den Untersuchungen von Pollert [44]) (vor den durch die Notverordnungen vorgeschriebenen Preissenkungen) hatte der Händler auf Persil einen Rabatt von 17,8 %, auf Lux einen solchen von 18 bis 20$^1/_2$ % und auf Sunlicht-Seife einen Rabatt von 17,8 %. Da sich nun z. B. Persil einer beherrschenden Stellung auf seinem Gebiete erfreute und wirklich als einer der ganz großen Markenartikel angesprochen werden kann, könnte es doch als merkwürdig erscheinen, daß der Produzent diese seine beherrschende, ja monopolähnliche Stellung nicht dazu benützt hat, Preise festzusetzen, die allen Beteiligten einen größeren Nutzen garantierten. Es müssen also doch Einflüsse maßgebend sein, denen sich auch solch anscheinend mächtige Markenartikel nicht entziehen können. Sie sind in den Gegebenheiten des Marktes zu suchen. Hier ist die Umschlagsgeschwindigkeit eine größere, die Lagerhaltungskosten sind daher geringer. Die genannten Waschmittel sind gewiß sehr populär, aber doch können sie sich nicht aus der Preissphäre lösen, die den Waschmitteln im allgemeinen im Preisgebäude angewiesen ist. Würden sie sich von dieser Bindung lösen und hinaufgehen, müßte sich dies umgehend in vermindertem Absatz bemerkbar machen.

Nun wird gesagt, der Lebensmittelhandel, Kolonialwarenhandel usw. kämen mit diesen geringen Prozentsätzen aus, erzielten einen Gewinn und bezahlten davon noch Verluste, die sie beim Verkauf der sogenannten Lockartikel (hauptsächlich Zucker) erlitten. Also müsse auch der Drogenhandel mit den gleichen Nutzensätzen auskommen. An sich wird diese Meinung schon ganz einfach durch die Tatsache widerlegt, daß man Tag für Tag von Konkursen, nicht nur im Lebensmittelhandel, sondern auch im Drogenhandel, lesen kann. Im Drogenhandel sind wohl die meisten Markenartikel anzutreffen. Die zusätzliche Rente, die aus den „überhöhten" Preisen erzielt werden soll, müßte dann auch die Zahl der Insolvenzen auf ein Minimum herabdrücken. Daß dem nicht so ist, weist darauf hin, daß die Struktur beider Einzelhandelszweige eine grundsätzlich verschiedene ist. Der Lebensmittelhandel arbeitet in der Hauptsache mit nicht preisgebundenen Waren, der Drogenhandel in der Hauptsache mit Markenartikeln. Die Nutzensätze der freien Waren lassen sich nicht leicht nachkontrollieren. Wir sind infolgedessen auf Vermutungen angewiesen. Ein Unternehmen, das gänzlich auf den Markenartikel eingestellt ist, muß auch von seinen Nachteilen stark abhängig sein. Die Möglichkeit plötzlicher Verluste ist sehr groß. Wider hat in einem Aufsatz „Der hohe Verdienst bei Markenartikeln[45])" interessantes Zahlenmaterial beigebracht. Danach schrumpft der „hohe Verdienst" stark zusammen.

---

[44]) P o l l e r t, Ernst, a. a. O., S. 103 und 104.
[45]) W i d e r, Ferd., Der hohe Verdienst bei Markenartikeln. Der Drogenhändler, Eberswalde 1932, S. 422.

Endlich sei noch auf die wichtige Tatsache verwiesen, daß die errechneten Nutzensätze um ein beträchtliches ermäßigt werden durch die vielfach eingeführten Zugaben. Als die Peri-Rasiercreme eingeführt wurde, erhielt jeder Käufer einer Tube einen Rasierapparat mit einer Rasierklinge gratis; ebenso war es, als die Palmolive-Rasiercreme auf dem Markt erschien. Die Nutzensätze für den Händler blieben zwar die gleichen, aber dafür ging sein Umsatz in Rasierapparaten und -klingen zurück. Jeder Käufer dreier Packungen Palmolive-Seife erhielt eine Originalpackung gratis. Um die verabreichten Gratisstücke mußte natürlich der Umsatz zurückgehen. Der Käufer einer Packung Elida-Seife erhielt gratis eine kleine Packung „Jede-Stunde-Creme" und eine kleine Packung Parfüm (keine Proben). Wer sich eine Colgate-Zahnpaste erstand, bekam dazu eine Colgate-Zahnbürste, zu einer Palmolive-Creme wurde eine Packung Talkum-Puder gegeben usw. Nachdem eine Firma diesen Weg beschritten hatte, mußten viele andere nachfolgen. Die Händlerschaft fühlte sich in ihrer Existenz bedroht, und ein um die Jahreswende 1930/31 gegen die Palmolive-Gesellschaft geführter Prozeß ging tatsächlich zu deren Ungunsten aus. Man konnte bei diesem Zugabesystem von einer Preisermäßigung reden, die voll dem Konsumenten zugute kam. Es wäre interessant, festzustellen, wie sich dies in Zahlen, bezogen auf die Nutzenspanne, ausgewirkt hat. Und zwar nicht nur auf die des Händlers, sondern auch auf die des Fabrikanten.

Schließlich werden den einzelnen Packungen Gutscheine beigelegt, die wiederum durch Gratispackungen eingelöst werden. Welchen Umfang dies angenommen hat, geht daraus hervor, daß eine Anzahl von interessierten Reichstagsabgeordneten schon 1928 im Reichstag den „Entwurf eines Gesetzes zur Bekämpfung des Zugabewesens und zur Regelung der Rabattgewährung" eingebracht haben. Durch die Verordnung des Reichspräsidenten zum Schutze der Wirtschaft vom 9. März 1932 [46]) wurde das Zugabewesen gesetzlich geregelt. Es erfuhr eine starke Einschränkung. Doch werden immer wieder Forderungen nach einem vollständigen Zugabeverbot laut.

Mit Zugaben muß also auch weiterhin gerechnet werden. Ihre Kosten werden dem Reklameetat belastet, der dadurch eine starke Erhöhung erfährt, wenn diese nicht durch Abstriche bei anderen Werbemitteln ausgeglichen werden kann (ab 1. 9. 33 vollkommenes Zugabeverbot).

2. Eine weitere Ursache der Bekämpfung des Markenartikels ist die lückenlose Durchführung der Preisbindung. Der Fabrikant bestimmt den Preis, der im ganzen Verbreitungsgebiet seines Artikels eingehalten werden muß, und hat damit die Möglichkeit, eben die „ungerechtfertigten Nutzensätze" zu erzielen, von denen bisher die Rede

---

[46]) Verordnung des Reichspräsidenten zum Schutze der Wirtschaft vom 9. März 1932. Der Drogenhändler, Eberswalde, Nr. 22, 1932, S. 594—596.

war. Er gibt seiner Ware monopolähnlichen Charakter und entzieht sie so dem freien Wettbewerb. Goldbaum (Anm. 31, S. 29) meint, das Ziel müsse sein, Gewährung von Bar- oder Naturalrabatt, wenn die Rabattierung noch einer vernünftigen Kalkulation entspreche.

Hier aber liegt das Problem. Der Markenschutzverband verdankt ja seine Entstehung gerade dem Umstand, daß mit Markenartikeln geschleudert wurde. Markenartikel sind ganz besonders geeignet, als Lockartikel zu dienen. Nicht jeder Händler kann oder will eine derartige Rabattgewährung mitmachen; er hat deshalb an einem solchen Artikel bald kein Interesse mehr und wendet sich einem anderen zu. Und nicht jeder Konsument hat die Anschauung, die ihm Pollert[47]) als gegeben unterschiebt: „Er (der Konsument d. V.) wird vielmehr unterstellen, daß das billigere Angebot den Aufwand der Produktions- und Verteilungskosten auch noch deckt und das höhere Angebot den inneren Wert des Markenartikels übersteigt. Seine Wertschätzung wird sich auf den niedrigen Preis festlegen." Wir glauben, daß der Konsument derartige Überlegungen überhaupt nicht anstellt. Wir glauben, im Gegenteil, daß er in sehr vielen Fällen Zweifel haben wird, ob auch die Qualität die gleiche geblieben ist. Er wägt ab, was ihm der betreffende Markenartikel wert ist. Diese Wertschätzung erfolgt aber nicht immer nur im Hinblick auf die vorhandene Geldbörse, sondern ist sehr oft auch auf irrationale Beweggründe zurückzuführen. Daher auch die Erscheinung, daß eine Preissenkung nicht immer eine Umsatzmehrung bringt: Der Konsument mißt dem Artikel nicht mehr den Wert wie früher bei und wendet sich einem anderen zu. Etwas anderes ist es natürlich, wenn eine allgemeine Preissenkung erfolgt, wie dies durch die beiden Notverordnungen vom 16. Januar 1931 und 8. Dezember 1931 geschehen ist. Das Publikum steht gewissermaßen unter einer Preissenkungspsychose und fordert auch dort Preisermäßigungen, wo sie aus rein wirtschaftlichen Gründen unmöglich sind. Da eine solche Aktion allgemein alle Artikel trifft und da sie auf dem Weg über den Gesetzgeber erzwungen ist, also vom Konsumenten selber ausging, schalten sich alle Wert- und Qualitätsvorstellungen aus. Der Artikel ist billiger, seine allgemeine Wertschätzung aber ist die gleiche geblieben.

Die Einstellung des Konsumenten ist je nach der Art des Artikels verschieden. An der Preisbindung selbst nimmt er nach unseren Beobachtungen kaum Anstoß, er empfindet es im Gegenteil angenehm, daß er denselben Artikel überall in gleicher Güte und zum gleichen Preis haben kann. Wesentlich für die Preishöhe ist, ob sie vom Konsumenten noch anerkannt wird. Solange dies der Fall ist, können wir den Preis nicht als zu hoch bezeichnen; das ist gleichermaßen der Fall bei preisgebundenen wie bei freien Waren. Es ist deshalb auch nicht

---

[47]) Pollert, Ernst, a. a. O., S. 43.

einzusehen, warum der Markenartikel, unter diesem Gesichtspunkt gesehen, den freien Waren gegenüber durch seine Preisbindung im Vorteil sein soll.

Selbst wenn der Markenschutzverband nicht existierte, so wäre damit noch nicht erwiesen, daß es auch keine Preisbindung für Markenartikel gäbe. Es gibt auch heute schon eine große Anzahl von Markenartikelfirmen, z. B. die der ganzen Zigarettenindustrie, die dem Markenschutzverband nicht angehören und doch für ihre Erzeugnisse die Preisbindung durchgeführt haben. Gewiß ist es richtig, daß früher eine Preisbindung für Markenartikel nicht bestanden hat. Aber die Entwicklung des Markenartikels machte nach unserer Auffassung die großen Fortschritte erst in der Zeit nach dem Kriege. In dieser Zeit prägten sich die Markenartikel dem Konsumenten erst richtig in sein Bewußtsein ein als etwas, was seinen Bedürfnissen nach Qualität, Sauberkeit, Aufmachung, nach der Schnelligkeit in der Abwicklung des Kaufes entgegenkam. Gerade die Freude an dem Drum und Dran — man möchte sie fast kindlich nennen —, die Anpassungsfähigkeit des Markenartikels an die gegen früher völlig veränderte Psyche des Menschen machten es ja aus, daß er so beliebt wurde. Da aber das Verlangen nach gleichbleibender Qualität den gleichen Preis als Konsequenz nach sich zog, kann man folgern, daß die Preisbindung nicht nur eine geschickte Handlung zur Wahrung eigener Interessen war, sondern daß sie eine zwangsläufige Folge wirtschaftlicher Notwendigkeiten war. Der Markenartikel hat die Tendenz, einen großen Wirtschaftsraum zu erfassen. Wird er aber an jedem Ort zu verschiedenen Preisen gehandelt, je nach dem Gutdünken des betreffenden Händlers, dann wendet sich das sofort gegen den Artikel selbst. Für eine Ware gäbe es daher bald die unterschiedlichsten Preise. Damit würde nicht nur die Wertschätzung beim Käufer von sehr fraglicher Natur werden, sondern auch in den Verkauf selbst würde eine derartige Unsicherheit getragen, daß sehr bald eine Abwanderung dieser Ware nach verschiedenen Seiten einsetzen würde.

Ein Teil der Konsumenten, vielleicht der größere, würde sich gleichartigen anderen Artikeln zuwenden, die durch ihre einheitlichen Preise sein Vertrauen haben. Ein anderer Teil würde nur noch die Verkaufsstellen aufsuchen, wo zu den allerbilligsten Preisen angeboten wird, und die Händler dadurch solange zu gegenseitigem Unterbieten zwingen, bis auch das Interesse der Händler erlahmt ist, weil sie hier keinen Gewinn mehr erzielen und sich daher anderen Artikeln widmen müssen. Der Artikel ist „ausgepeitscht". Es dauert nicht mehr lange, bis er gänzlich verschwindet. Auch volkswirtschaftlich betrachtet, muß es nicht immer „wirtschaftlich" sein, wenn aus einer derartigen Preispolitik den Konsumenten Vorteile erwachsen. Die Nachteile, die der Händler oder der Produzent eintauschen, belasten dafür die gleiche Volkswirtschaft auf der anderen Seite.

Wirtschaftlich gesehen, gehört also Preisbindung zum Wesen des Markenartikels, genau so wie gleichbleibende Qualität auch. Gerade deswegen befinden wir uns hier im Gegensatz zu Pollert, weil wir nur berichten, was wir sehen, und nicht, was wir gerne haben möchten. Es ist nur noch die Frage, in welcher Höhe diese Preisbindung vorgenommen wird. Auch ihr ist eine natürliche Grenze gesetzt, wie wir zu beweisen versucht haben. Pollert bedauert es augenscheinlich, daß sich der Konsument beim Kauf von Markenartikeln von außerwirtschaftlichen Erwägungen leiten läßt — aber auch dadurch verliert er nicht seine Mitwirkung an der Preisbildung, nur kommt dadurch ein Preis zustande, den Pollert sehr im Gegensatz zum Konsumenten als überhöht bezeichnet. Er will den Käufer also gegen seinen eigenen Willen in Schutz nehmen. Es läßt sich nicht leugnen, daß Produktion und Handel sich diesen Umstand zunutze machen. Das ist aber nichts besonderes. Um kein Jota anders ist es im Markte der freien Waren auch. Durch das Gegeneinanderspiel der Marktpartner kommt in der freien Wirtschaft eben der Preis zustande, auch beim Markenartikel, auch bei „gebundenen" Preisen.

Daraus aber zu folgern, daß ein Eingriff notwendig wäre, der wieder eine „freie Preisbildung" ermögliche, halten wir für abwegig, und gerade dann, wenn man sonst die freie Wirtschaft fordert.

3. Preisbindung? Ja, aber Festsetzung der Preise unter unserer Mitwirkung, tönt es aus dem Händlerlager. Rein theoretisch gesehen, ist eine Mitwirkung der Händler bei der Preisfestsetzung möglich, wenn die Produzenten aus irgendwelchen Gründen daran ein Interesse haben oder wenn ihre Marktposition in einem gegebenen Augenblick so schwach ist, daß sie sich diese Bindung eben aufdrängen lassen müssen. Das Marktschicksal entscheidet auch hier. Einstweilen liegen die Dinge so, daß die Händlerschaft zur Schaffung eigener Händlermarken, zum Teil sogar in eigenen Produktionsstätten, übergegangen ist und für diese die gleiche Preisbindung eingeführt hat, wie die Produktion für ihre Markenartikel. Warum? Der Markt kann sich einen Markenartikel ohne festen Preis nicht oder noch nicht denken. Dabei soll keineswegs vergessen werden, daß der am Anfang festgesetzte Preis nicht unbedingt richtig sein muß. Auch bei Markenartikeln hat man beobachten können, daß anfänglich Preissenkungen, aber auch Preiserhöhungen vorgenommen wurden, bis sie richtig eingeordnet waren. Die Höhe des Preises veränderte sich also, nicht aber die Gleichheit des Preises an allen Orten, wo der Artikel feilgehalten wurde. Wenn der Handel anfänglich gegen die Preispolitik der gebundenen Preise war, wie aus der Ursache der Entstehung des Markenschutzverbandes hervorgeht, so hat er seine Stellung doch geändert, nicht nur weil er davon eventuell größere Preisvorteile hatte, sondern auch unter dem Diktat des Marktes, der den Markenartikel augenscheinlich so und nicht anders haben wollte.

Trotz der schärfsten Schutzmaßnahmen (Reverse, Konventionalstrafen, Boykott usw.), die zur Einhaltung der Preise getroffen worden sind, werden diese doch immer wieder durchbrochen. Das Beispiel der Rabattgewährung, der Zugabe, des Schleuderns haben wir schon gebracht. Für den Fabrikanten mögen sie dann, wenn solche Erscheinungen sich gegen ihn wenden, ein Zeichen dafür sein, daß seine Preisgestaltung revisionsbedürftig ist.

4. Lampe[48]) meint, daß die Preisbindung wirtschaftsschädigend wirke, weil die sogenannten Meinungskäufe unterblieben und in Zeiten absinkender Konjunktur verschärfte Auftragszurückhaltung möglich sei, die Lage also noch verschlechtere.

Uns bietet sich folgendes Bild: Die Preisbindung rationalisiert den Einkauf wie den Verkauf. Die stets gleichbleibenden Preise lassen eine viel kleinere Lagerhaltung zu als früher. Das konstante Lager verlangt also nicht mehr die Festlegung solch großer Geldmittel wie früher. Dies kommt unzweifelhaft dem umlaufenden Kapital zugute. Der Meinungskauf ist hier also nicht notwendig. Man muß nicht in ständiger Angst leben, bei plötzlichen Preissenkungen durch ein großes Lager bedeutende Verluste zu erleiden. Der Bedarf wird in dem Maße gedeckt, wie er auftritt. Die Bedarfsdeckung erfolgt nicht mehr sprunghaft, sondern geht stetiger vor sich und paßt sich sofort der allgemeinen Lage an. Die Preisbindung verringert also Konjunkturgegensätze. (Dafür tauscht der Markenartikelhändler die Unsicherheit ein, die in der vielfachen Abhängigkeit seiner Artikel von Mode und Geschmack begründet wird.)

Auch der Produzent kann viel leichter disponieren. Er steht nicht urplötzlich vor der Notwendigkeit, in kürzester Zeit Auftragsmengen bewältigen zu müssen, für die sein Produktionsapparat unter Umständen gar nicht ausreicht, um dafür später nach Beschäftigung für seine Maschinen suchen zu müssen. Saisonartikel sind davon natürlich ausgenommen, weil hier die Bedarfsdeckung immer auf einen verhältnismäßig kurzen Zeitraum zusammengedrängt ist.

Damit kommen wir zu dem eindeutigen Ergebnis unserer Untersuchung: Wir lehnen es ab, nach staatlicher oder sonstiger Hilfe zur Regelung der Preisfrage Umschau zu halten, weil das gar nicht unsere Aufgabe sein kann. Es wäre uns auch nicht möglich, weil wir den Begriff „überhöhte Preise" nicht eindeutig festlegen können und weil wir im jeweiligen Marktpreis den „einzigen, gerechten Preis" sehen.

Die Preisbindung selbst haben wir als untrennbar mit dem Qualitätsbegriff des Markenartikels verknüpft gefunden, als eine Maßnahme, die sich aus den Forderungen des Marktes heraus entwickelt hat. Wenn dadurch einmal dieser und das andere Mal jener Teil sich geschädigt oder bedroht fühlt, so registrieren wir dies zwar, können

---

[48]) L a m p e, Adolf, a. a. O., S. 68.

es aber nur als ein augenblickliches Marktschicksal begreifen. An den Gegebenheiten selbst vermögen wir nichts zu ändern.

c) Die Wirkungen der Mode und des Geschmacks auf den Markenartikel

Man könnte fast die Behauptung aufstellen, daß es nicht nur eine Mode bei Gebrauchsartikeln des täglichen Lebens gibt, also in der Kleidung, bei Möbeln, Gerätschaften aller Art, sondern auch bei Nahrungsmitteln; sogar bei den verschiedensten Pharmazeutika treten häufig Veränderungen in Geschmack und Aufmachung auf, so daß man auch hier, mindestens in übertragenem Sinne, von einer „Mode" reden kann. Es hat z. B. in den letzten Jahren eine Mode in Verjüngungsmitteln gegeben (man denke etwa an die verschiedenerlei Aufbausalze). Sie ist schon wieder in einem langsamen Abflauen begriffen. Die Krügerol-Katarrhbonbons oder die bekannten Kaisers Brustkaramellen waren einmal große Artikel, heute hat sich das „Mode"-Hustenmittel Eukalyptus-Bonbon an ihre Stelle gesetzt; man kann nicht sagen, ob ihm die Gunst des Marktes länger erhalten bleiben wird als seinen Vorgängern. Auf dem Gebiete der Kosmetik gab es früher eine Unmenge von Wassern und Salben, die ihren Benützerinnen eine volle Figur versprachen. Was wissen wir heute noch von jenen Markenartikeln? An ihre Stelle sind Markenartikel getreten, die Schlankheit versprachen. Li-Il Schlankheitsbäder sind hier besonders bekannt geworden. Langsam kündigt sich auch hier schon wieder ein neuer Umschwung an. Der Markenartikel paßt sich der veränderten Modeströmung an. Auf dem Gebiete der Haarwasser hat es von jeher besonders viele Markenerzeugnisse gegeben, und alle hatten auf ihrem Markenbilde einen Frauenkopf mit unglaublich langen Haaren. Da ändert sich urplötzlich die Mode des Frauenhaares. Der Bubikopf wird modern, und es ist seitdem gar nicht mehr so erstrebenswert, extra lange Haare zu haben. Der Markenartikel muß sich also auf die veränderten Verhältnisse einstellen. Nun steht die Haar- und Kopfpflege im Vordergrunde, die Möglichkeit der Erlangung eines dichteren Haarwuchses. Es ist unter Umständen nicht einmal mehr ratsam, das alte Markenbild, den Frauenkopf mit den langen Zöpfen, beizubehalten. Es wirkt altmodisch und hausbacken. Welche Rolle spielen heute Schminke und Lippenstift in der Damenwelt im Gegensatz zur Vorkriegszeit! Diese Schönheitsmittel sind heute gesellschaftsfähig.

Noch eine kurze Bemerkung zu dem, was wir uns unter Mode vorstellen. Sie hat nach unserer Meinung ähnliche Wirkungen wie der Markenartikel auch. Herbert Winder [49] charakterisiert dies so: „Die

---

[49] W i n d e r, Herbert, Über Begriff und Wesen der Mode. Z. f. Hw. u. Hp. 1927, II/III.

ganze Masse von Menschen, die sich die neue Mode als Rezept gelten lassen und ihr Genüge leisten will, ist nun durchwegs von diesem einen Wunsch beseelt, von dieser einen Richtung geleitet; die Folge davon ist, daß durch die Nachfrage nach derselben Art von Gütern zur Befriedigung dieses allen gleichen Bedürfnisses auch überall der Bedarf der gleiche wird. Diese Bedarfsvereinheitlichung bildet eine der einschneidensten Wirkungsergebnisse der Mode für die Betriebswirtschaft und die durch sie angestrebte Uniformierung macht es notwendig, daß die betreffende Industrie die erforderlichen Güter in genügender Anzahl und entsprechenden Preisen bereitstellt, erleichtert es aber auf der anderen Seite auch der Mode in immer tiefere Schichten einzudringen und so den Markt für die von der Mode erfaßten Güter immer mehr zu erweitern. Diese Ausbreitung der gleichen Tendenzen auf eine noch größere Konsumentenschaft ermöglicht es aber den Produzenten, ihre Erzeugnisse noch billiger herzustellen, so daß die Mode tatsächlich über alle Gesellschaftsschichten herrschen kann."

Schäfer[50]) jedoch unterscheidet zwischen Mode, Zeitgeschmack, Stil. „Die Mode ist das kurzatmigste Wesen unter den drei Phänomen, der Stil das umspannendste, zeitbeherrschende, und der Zeitgeschmack hält die Mitte zwischen beiden." Auf die Erscheinung des Zeitgeschmackes kommt es uns hier an. Schäfer versteht ihn so: „Er unterliegt keinem so schnellen Wandel wie die Mode, andererseits ist er nicht Stil im Sinne der großen Stilepochen, sondern eine Mischung aus kultureller Grundhaltung — insofern vielleicht Stil — und zweckmäßiger, dem Stande der Zivilisation angepaßter Lebensführung. Der Mode unterwirft sich nicht jedermann im gleichen Maße, dem Zeitgeschmack entzieht sich niemand — von Sonderlingen abgesehen."

Das Individuum hat zum großen Teil seine Sonderwünsche den Modebewegungen untergeordnet. Besonders deutlich kann man dies in der Damenkonfektion beobachten. Man kauft sich ein Serienkleid, das in der gleichen Ausführung in tausenden von Exemplaren verkauft wird, und stößt sich nicht daran, wenn man dieses selbe Kleid auch von anderen getragen sieht. Durch den billigen Preis ist dafür die Möglichkeit einer Neueinkleidung beim nächsten Modewechsel gegeben. Gewiß, die Mode wirkt dadurch uniformierend; aber gleichzeitig geht dafür vom Konsumenten der Druck aus, daß diese Uniformierung möglichst häufig gewechselt wird. So werden die Intervalle der Mode immer kürzer. Was heute „modern" ist, kann morgen schon veraltet sein.

Nicht anders ist es beim Markenartikel. Die Geschmacksrichtung ändert sich. Heute wird diese Marke bevorzugt und morgen jene. Je mehr sich der Markenartikel von einem Gebrauchsgut entfernt und

---

[50]) Schäfer, Erich, Grundlagen der Marktbeobachtung. Nürnberg 1928, S. 159.

sich dem Gebiete des Luxus nähert (Kosmetika z. B.), desto mehr ist er diesen schnellen Veränderungen unterworfen. Die jeweilige Erscheinungsform der Mode wirkt sich bestimmend auf ihn aus. Schon beim Übergang von der freien Ware zum Markenartikel kann man dies feststellen. Der Begriff Mode ist hier also übergeordnet, und der Markenartikel befindet sich im Abhängigkeitsverhältnis. Er folgt ihren Bewegungen. Wir weisen hier nur darauf hin, daß durch diese Gebundenheit mancher Vorteil des Markenartikels wieder aufgehoben wird und daß der Verkäufer solcher Markenartikel mit einem sehr hohen Risiko zu rechnen hat, dem er nicht immer durch einen entsprechend hohen Verkaufspreis begegnen kann.

Schäfer [51] schreibt: „Am intensivsten und zugleich kurzfristigsten sind die Modebewegungen bei Waren, deren Besitz den Träger oder Eigentümer irgendwie sozial abhebt. Kleidung, Handschuhe, Schirm, Schmuckartikel; in gewissem Abstande Briefpapier, Tischdecke usw. Das Gegenstück bilden reine Zweckgegenstände, wie Nähmaschine [52], Glühbirne." Und weiter: „Im allgemeinen bestimmt die Mode des großen Gegenstandes (Kleid) die Mode des kleinen, untergeordneten (Strumpf), doch sind Umkehrungen hie und da sehr wohl denkbar und eine gewisse Selbständigkeit in der Ausgestaltung bleibt auch dem untergeordneten Gegenstand." Wir schließen uns dieser Meinung an und erweitern sie, indem wir sagen: Auch eine ganze Reihe von Genußmitteln und ihnen verwandten Konsumtionsgütern sind der gleichen Erscheinung unterworfen, und zwar in um so größerem Maße, je mehr sie sich in Herstellung, Geschmack und Aufmachung an die augenblicklich herrschenden Modeströmungen der Gebrauchsgüter angepaßt haben, oder falls es sich um reine Genußmittel handelt, wenn sie sich auf die augenblicklich herrschende Geschmacksrichtung eingestellt haben. Bekanntlich kann man gerade hier oft sehr rasche, fast unerklärliche Geschmacksveränderungen feststellen, die natürlich dann die davon betroffenen Artikel erbarmungslos aufs Trockene setzen [53].

Heute zum Beispiel ist auf dem Gebiete der populären Hustenmittel wie schon S. 31 gesagt, der Eukalyptus-Bonbon, vielleicht auch noch der sogenannte Malzzucker maßgebend. Bis vor wenigen Jahren hat man nicht viel von diesen Erzeugnissen gehört. Sie sind mit einem Male auf dem Markt erschienen, wurden vielfach mit mehr oder weniger

---

[51] S c h ä f e r, Erich, a. a. O., S. 160.

[52] Bei der Nähmaschine kann es sehr zweifelhaft sein, ob es sich noch um einen reinen Zweckgegenstand handelt. Die moderne Nähmaschine, die in einen eleganten Schrank aus Edelholz eingebaut ist, muß jedenfalls schon mehr zu Luxusgegenständen als zu Zweckgegenständen gerechnet werden.

[53] B e r g l e r, Georg, Zusammenhänge zwischen Beschaffung und Absatz bei pharmazeutischen Markenartikeln. Zeitschrift für Betriebswirtschaft, Berlin 1930, S. 629.

Erfolg als Markenartikel aufgemacht und eroberten sich tatsächlich fast mit einem Schlag die Gunst des Konsumenten. Alle übrigen Hustenmittel aber büßten stark an Bedeutung ein.

Doch kehren wir nun zum Beginn unserer Überlegung zurück: Wenn es also richtig ist, daß auch die den Genußmitteln verwandten Konsumgüter dem Wechsel der Mode unterworfen sind, dann trifft dies auf die Markenartikel unter ihnen in besonderem Maße zu. Ihre besondere Abhängigkeit ist sogar in zweifacher Hinsicht gegeben. Nach der einen Seite hin können wir unser eben dargelegtes Beispiel benützen. Die Geschmacksrichtung verändert sich. Es gilt auf einmal nicht mehr als vornehm, zeitgemäß, z. B. Sebalds Haartinktur zu benützen (man beachte besonders den altertümelnden Namen Tinktur), sondern man (die unfaßbare, unkontrollierbare und doch so leicht durch ein paar Schlagworte zu beeinflussende „Masse Mensch") sucht sein Heil nur noch bei Trilysin-Haarwasser. Hier findet der moderne Mensch, was er braucht. Etwas Mystizismus, geheimnisvolles Hell-Dunkel, das der Phantasie freien Spielraum läßt, wird ja wieder modern. Und der Phantasiename „Trilysin" gibt dies alles her, während der hausbackene alte Name „Sebalds Haartinktur" nichts mehr zu denken übrig läßt. Es ist nicht unbedingt als zufällig anzusehen, daß fast alle neueren Markenartikel mit Phantasienamen ausgestattet sind. So erzählt man sich (ohne daß wir uns für die Wahrheit verbürgen können), daß der Kukirolfabrikant zuerst den Namen „Kukirol" gefunden hatte und damit auf die Suche nach einem geeigneten Artikel ging. Aber mit diesen Betrachtungen wenden wir uns schon der zweiten Seite unseres Problems zu.

Markenartikel sind in ihrer äußerlichen Aufmachung, in ihrer Packung, ganz außerordentlich von dem bei ihrer Entstehung herrschenden Zeitgeschmack abhängig. Wenn dieser auch keinem allzu schnellen Wechsel unterliegt, so folgt er doch in größerem Abstande den Veränderungen der Mode. Wie der Krieg entscheidend auf die Mode einwirkte — die Zeit vor dem Kriege ist mit der nach dem Kriege fast in nichts zu vergleichen — so wirkte er auch auf den Zeitgeschmack ein. Die Markenartikel, die in der Zeit vor dem Kriege entstanden sind, muten uns zum großen Teil — von Ausnahmen, Odol z. B. oder Pixavon, abgesehen — so altmodisch und antiquiert an, daß wir in vielen Fällen ohne einen sonst sichtbaren Grund geneigt sind, daraus auch auf die Qualität der Ware selbst zu schließen. Wir wissen es sehr oft, daß dies ungerecht ist, und können uns trotzdem von diesem peinlichen Gefühl nicht freimachen. Um hier noch einmal auf „Sebalds Haartinktur" zurück zu kommen: Sie entspricht in ihrer äußeren Aufmachung durchaus dem Vorkriegsgeschmack. Viele Markenbilder der damaligen Zeit zeigten z. B. phantastische Frauengestalten mit wallenden Gewändern, die sich mit unbegreiflicher Gewandtheit auf ganz undenkbar feinen verschnörkelten Ornamenten

41

bewegten usw. Trotzdem hat Sebald auch heute noch seine treuen Anhänger, und er wird wahrscheinlich seine alte, unmoderne und bescheidene Aufmachung beibehalten. Nur — und darauf kommt es uns hier an — die Generation, die im Zeitgeschmack der Nachkriegszeit aufgewachsen ist, wird nicht das rechte Verhältnis dazu finden können, weil ihr diese Aufmachung wesensfremd ist. Trotz dieser Bedenken unternimmt es doch selten ein Fabrikant, einem solchen in dieser Aufmachung bekannt gewordenen und eingeführten Markenartikel ein anderes Aussehen zu geben. Das bleibt immer ein gewagtes Experiment, selbst dann, wenn nur verhältnismäßig geringe Änderungen vorgenommen werden. Das Publikum kann dann oft auf einmal so fremd tun, als hätte es diesen Markenartikel nie gekannt. Dies kann dann so weit gehen, daß unter Umständen ein solch alter Markenartikel in neuem Kleid wie ein eben erst auf dem Markte erscheinender ganz neu lanciert, eingeführt werden muß. Die Fälle einer Modernisierung der Aufmachung, der Packung oder auch des Markenbildes zählen daher zu den Seltenheiten. Der Hersteller, wenn wir nicht irren, von Nivea-Creme ersetzte die alte Packung seines Präparates durch eine vollständig neue, die der herrschenden Geschmacksrichtung entsprach. Der Hersteller kam zwar derart den Bedürfnissen der Gegenwart entgegen. Trotzdem mußte er einen teueren Preis für diese Umstellung bezahlen. Der Konsument wie der Verteiler mußten genügend von diesen Veränderungsabsichten unterrichtet werden, und als die Neuaufmachung geschaffen war, mußte ihm immer wieder das neue Bild der Ware eingeprägt werden. Es war ein Werbefeldzug für einen neuen alten Artikel. Ähnlich verhielt es sich, als die bekannte blaue Wyberttablettenschachtel ihr heutiges modernes Aussehen erhielt.

Diese Vorgänge lassen uns nun das Problem noch von einer ganz neuen Seite aus betrachten. Wir sagten vorhin, daß sich dem herrschenden Zeitgeschmack niemand entziehen könne und daß davon auch die Markenartikel betroffen würden. Nun finden wir im Fortgang unserer Untersuchung, daß andererseits die Gewöhnung an einen alten Artikel, das Beharrungsvermögen, die konservative Einstellung eines großen Teiles der Menschen es doch als gewagt erscheinen lassen, wenn sich ein Markenartikel ganz auf die Forderungen des jeweiligen Zeitgeschmacks einstellt. Was hier richtig ist, kann vielleicht nur das feine Fingerspitzengefühl der Hersteller entscheiden, die wahrscheinlich genau über den Kreis der Abnehmer und Verbraucher des betreffenden Präparates unterrichtet sind; denn auf deren Entscheidung, ob für oder gegen die Ware, kommt es letzlich an. Freilich kann man auch hier sich noch damit trösten; daß eine Mode, wie eine Geschmacksrichtung in Dingen der Ästhetik nicht mit einem Schlage auftreten und mit einem Schlage wieder verschwinden kann. Es ist vielmehr doch so, daß z. B. in der Kleidermode die Kleinstadt und das flache Land immer ein gutes Stück später das „Neueste" trägt, wenn es in der Großstadt schon wieder von einer anderen Mode abgelöst wird. Andererseits war es aber auch so, daß die höheren Schichten sich von einer Mode abwandten, wenn sich ihrer die tieferen Schichten bemächtigt hatten. Diese Erscheinung kann man auch heute noch beobachten, wenn man auch einräumen muß, daß sie lange nicht mehr mit der Schärfe auftritt wie etwa in den Jahren vor dem Krieg. Die Mode wird in den Städten gemacht, in einigen Zentren, die hier die Führung an sich gerissen haben, und breitet sich dann über das ganze Land aus. Bis sie endlich den letzten Winkel erreicht hat, ist sie an ihrem Ausgangspunkt lange durch eine neue ersetzt. Mit dieser wellenförmigen Bewegung nach außen fällt eine zweite zusammen: die von den oberen Bevölkerungsschichten zu den nachfolgenden; diese wird allerdings soweit sie die Kleidermode betrifft, immer unauffälliger. Gleiches läßt sich über den Zeitgeschmack sagen. Auch er verbreitet sich von einem kleinen Kreis aus. Auch er erreicht die eine Bevölkerungsschicht früher, die andere später. Insofern kann man schließen, daß auch der Markenartikel in einer sogenannten unmodernen Aufmachung noch seinen Abnehmer haben kann, während der herrschende Zeitgeschmack schon lange ein anderer ist. Gerade der einfachere Mensch schreckt oft vor neuen Dingen aller Art zurück, weil sie ihm einstweilen unsolid und aufdringlich erscheinen. Er braucht eine geraume Zeit, bis er sich an sie gewöhnt, und noch länger, bis er sie kauft. Darauf stellen sich die großen pharmazeutischen Versandhäuser ein, z. B. Pfarrer Heumann usw. Die Aufmachung ihrer Artikel kommt der Psyche dieser Leute entgegen, wie die Aufmachung der Drucksachen, mit denen sie werben.

Und endlich gibt es Markenartikel, die brauchen auf Mode- oder Geschmacksveränderungen fast gar keine Rücksicht mehr zu nehmen: Sie sind so geradezu unverlierbarer Besitz eines jeden Menschen geworden, auch wenn er gar nicht zu ihren Verbrauchern selbst zählt, daß derartige Veränderungen ihnen gar nichts mehr anhaben können. Ihre Namengebung, wie ihre Ausstattung und Verpackung stellten sich von Anfang an über den zufällig herrschenden Zeitgeschmack und machten sich gewissermaßen unabhängig von ihm. Als bezeichnendes Beispiel hierfür sei wiederum Odol genannt. Ihm droht in diesem Sinne nur eine einzige Gefahr, wie jedem anderen Markenartikel auch: die einer plötzlichen Geschmacksänderung des Publikums, dem eben auf einmal aus irgendwelchen Gründen der Geschmack gerade dieses Mundwassers nicht mehr zusagen könnte.

Nun haben wir gesehen, daß der Markenartikel nicht mehr nur im Bereiche der chemisch-pharmazeutischen Industrie angetroffen wird. Er hat sich von hier aus überall hin ausgebreitet und man könnte fast sagen, er hat sich in allen Zweigen der Fertigwarenindustrie festgesetzt. Findeisen[54]) weist z. B. besonders auf die Metallwaren-,

---

[54]) Findeisen, Franz, a. a. O., S. 63.

Schuh-, Textil- und Korsettindustrie hin. Da wir uns nur mittelbar für „Markenartikel" außerhalb der chemisch-pharmazeutischen Branche interessieren können, so ist es wohl angängig, daß wir uns mit einem kurzen Exkurs begnügen. Soweit es sich um Markenartikel der Bekleidungsbranche handelt, ist ihre Abhängigkeit von den jeweiligen Wandlungen der Mode wohl ohne weiteres gegeben. Je weiter sie sich davon entfernen, desto weniger ist dies der Fall. Auch Autos z. B. nähern sich dem Begriff des Markenartikels in unserem Sinne. Man spricht von Mercedes- und Adlerwagen, von Ford- und Opelwagen usw. Alle werden sie in serienmäßiger Fabrikation, mit genau der gleichen Ausstattung usw. hergestellt. Auch hier kann man noch von einer modebedingten Abhängigkeit sprechen. Gerade im Absatz der Fordwagen hat sich dies recht deutlich gezeigt. Ford war bekanntlich gezwungen, seinem bekannten Modell T ein neues, gefälligeres Aussehen zu geben, weil es in der seitherigen Form nicht mehr dem gänzlich veränderten Zeitgeschmack entsprach. Schäfer[55]) stellt das gleiche für Porzellan fest. „Je feiner das Porzellan ist und je weniger es Gebrauchswert hat (Zierporzellan), desto mehr ist es der Mode unterworfen. Die Form unterliegt dem Modeeinfluß viel weniger als das Dekor."

Gehen wir nun aber noch einen Schritt weiter und suchen nach Markenartikeln in der Maschinenindustrie usw., dann werden wir hier gar keine Einwirkungen der Mode, oder doch nur noch sehr schwache feststellen können.

d) Die wirtschaftliche Bedeutung des Markenartikels

Im ersten Abschnitt unserer Arbeit wurden die Entwicklungslinien des Markenartikels aufgezeigt. In der chemisch-pharmazeutischen Industrie nahm er seinen Anfang und hat sich seither mit wachsender Macht und Schnelligkeit auf alle möglichen Gebiete des Wirtschaftslebens ausgebreitet. Der Idee des Markenartikels muß eine gewaltige Überzeugungskraft und ein großer Wirklichkeitssinn innewohnen, daß sie immer weitere Erfolge zu erzielen vermag. In der ganzen Nachkriegszeit stand die Wirtschaft unter den Schlagworten der Typisierung und Rationalisierung. Der Markenartikel ist selbst ein treffendes Beispiel für Typisierung, und lange bevor das Wort Rationalisierung zum Modewort geworden war, wurde durch ihn ein großer Teil des Groß- und Detailhandels rationalisiert. Der Geschäftsbetrieb des Detailgeschäftes ist wesentlich vereinfacht worden. Es gibt z. B. fast kein Auswiegen mehr. Man kauft nicht mehr lose ausgewogen, sondern ein Paket Markensalz, oder ein Paket Zucker, ein Fläschchen Maggis

---

[55]) S c h ä f e r, Erich, a. a. O., S. 161.

Suppenwürze usw. Der Konsument geht nicht mehr in die Apotheke oder Drogerie und kauft für 30 Pfennig Blutreinigungstee, sondern verlangt ein Paket Buflebs-, Dr. Richters-, Zinssers-, usw. Blutreinigungstee. Man kauft keine Tüte Zahnpulver, sondern irgendein Marken-Zahnreinigungsmittel, wie Chlorodont, Kaliklora, Pepsodont. Daraus ergeben sich für das Publikum, wie für den Einzelhandel eine ganze Reihe von Vorteilen, die Alfons Schmidt[56]) wie folgt bezeichnet hat:

„1. Die Markenware verschafft dem Ladeninhaber eine gewisse verkaufstechnische Bequemlichkeit. Wiegen, verpacken fallen weg, was sich vielleicht weniger beim kleinen Provinzkaufmann, als im großstädtischen Geschäft mit seiner Laufkundschaft, besonders an Lohntagen, vor Festen usw. bemerkbar macht.

2. Die Verpackung des Markenartikels wird in vielen Fällen vom Publikum mit Recht als hygienischer Vorzug gewertet; sie hat also eine verkaufsfördernde Wirkung.

3. Die großzügige Markenreklame schafft bei den Volksmassen neue Bedürfnisse, bringt neue Verbraucherkreise und steigert dadurch den allgemeinen Lebensstandard. Die heute Allgemeingut gewordene Körperkultur, insbesondere die Haut-, Fuß-, Zahn- und Haarpflege hätten ohne die Riesenwerbungen einiger weitschauender Firmen nie so große Gewinnquellen für den einschlägigen Kleinhandel werden können.

4. Die Fabrikantenreklame stellt dem Detaillisten zu seinem eigenen Nutzen Werbemittel aller Art zur Verfügung, die er sich in so hoher werbetechnischer und künstlerischer Qualität niemals selbst beschaffen könnte.

5. Das Wichtigste: Der Markenartikel hat nicht nur die Festlegung einer bestimmten Qualität, sondern auch Standardpreise gebracht."

Wir haben Schmidt so ausführlich zitiert, obwohl wir mit seinen Ausführungen nicht immer, hauptsächlich nicht soweit sie Absatz 3 betreffen, einverstanden sein können, weil er die nach unserer Meinung wesentlichen Vorteile des Markenartikels tatsächlich hervorgehoben hat. Wir fügen dem Absatz 5 noch an, daß gerade der unabänderliche einheitliche Preis im ganzen Verbreitungsgebiet eines Markenartikels ein gutes Hilfsmittel für Absatzsteigerung sein kann. Wenn das Publikum einmal zu einer Ware Vertrauen hat — und diesem Bedürfnis kommen die einheitliche Verpackung und der einheitliche Preis stark entgegen —, dann wird es leicht zu einem treuen Abnehmer einer solchen Ware werden können.

---

[56]) S c h m i d t, Alfons, Der Markenartikel — Ein Zeitproblem des Einzelhandels. Der Drogenhändler, Eberswalde, 9. Februar 1928.

Die Stellung des Kleinhändlers zum Markenartikel ist nicht immer eine zustimmende. Er bekämpft ihn im Gegenteil oft recht heftig. Der Markenartikel ist aber so sehr ein Kind seiner Zeit und kommt den Bedürfnissen der Konsumenten in so hohem Maße entgegen, daß alle Gegenmaßnahmen bis jetzt noch keinen Erfolg hatten. Die Zahl der Markenartikel wächst nahezu täglich. Im gleichen Maße verändert sich das Verhältnis des Kleinhändlers zu seinem Kunden. Das alte Vertrauensverhältnis zum Kaufmann als Berater der Kundschaft geht zum Teil verloren. Der Händler muß den Markenartikel führen, der verlangt wird. Die Kauflust wird durch den Produzenten angefacht, indem er sich auf dem Umweg über die Reklame mit dem Kunden in Verbindung setzt und damit die Rolle eines Beraters selbst übernimmt. Dazu kommt, daß Einkauf und Kalkulation, sogar die Warenkenntnis, eine viel geringere Rolle spielen als bisher. Das bewegt sich alles in bestimmten Richtlinien, die — gewollt oder ungewollt —, vom Produzenten ausgehen müssen. Mit den gleichen Wirkungen ist natürlich zu rechnen, wenn es sich um Händlermarken handelt. Die Stellung des Verteilers muß also zwangsläufig von ihrer bisherigen Wichtigkeit verlieren, je größer die Ausbreitung des Markenartikels wird.

Schließlich ist heute eine derartige Vielzahl von Markenartikeln auf dem Markte, nicht nur insgesamt, sondern wiederum auch eine Unzahl von Marken jeder einzelnen Ware, daß sich der Händler oft zu einer ihm übermäßig erscheinenden Lagerhaltung gezwungen sieht, die von ihm eine für seine Verhältnisse zu große Kapitalinvestierung verlangt. Man stelle sich nur vor, wieviel Sorten Kölnisch Wasser existieren, die alle Tag für Tag nachgefragt werden, und man wird sich sofort ein Bild machen können, was für einen Umfang das Lager eines solchen Kleinhändlers haben muß.

Markenartikel sind, wie wir gesehen haben, der Mode und dem Geschmack unterworfen, und es kommt sehr häufig vor, daß ein Artikel, der heute noch sehr gut geht, ganz plötzlich nicht mehr gefragt wird. Er wird damit für den Händler zum unverkäuflichen Ladenhüter und bringt ihm einen empfindlichen Verlust bei. Der Kleinhändler wie der Großhändler sind davon gleichermaßen betroffen. Das Risiko der Lagerhaltung wird durch die Vielzahl der Markenartikel zu einem viel größeren.

Dafür, daß der Kleinhändler Markenartikel führt, sorgt der Konsument, für den eben der Markenartikel sehr bequem ist. Der Einkauf, ist für ihn zu einer viel einfacheren Sache geworden als früher. Jeder Markenartikel hat seinen bestimmten Anhängerkreis. Der Konsument geht in den Laden und braucht gar nicht mehr auszuwählen. Er hat eine bestimmte Kaufabsicht für einen besonderen Artikel und weiß ganz genau, daß er bei einem späteren Kauf die gleiche Qualität und Menge zum gleichen Preis wieder bekommt. Das wirkt psychologisch auf viele Käufer kaufanreizend, denn es ist eine oft beobachtete Tatsache, daß sehr viele Menschen Hemmungen überwinden müssen, bevor sie sich überhaupt entschließen, in einen Laden zu gehen und etwas zu kaufen, weil ihnen erstens nur ganz unklar vorschwebt, was sie eigentlich kaufen wollen, und zweitens, weil ihnen der Preis, den sie dafür erlegen müssen, vorher nicht bekannt ist. Alle diese Hemmnisse kommen beim Markenartikel in Fortfall. Produzent und Käufer kommen sich also hier in ihren Absichten entgegen, und der dazwischen stehende Händler kann gar nichts anderes tun, als sich diesen Wünschen zu fügen, wenn er bestehen will. Der Kunde deckt natürlich auch seinen übrigen Bedarf dort, wo er „seine Marke" bekommt. Insofern ist der Kleinhändler tatsächlich gezwungen, Markenartikel zu führen.

Wenn demnach die Wirkung des Markenartikels beim Kleinhändler eine nivellierende ist, dann ist sie es auch in der Bedarfsbefriedigung. Unsere Bedürfnisse sind lange nicht mehr so zersplittert wie früher. Es ist heute fast eine Selbstverständlichkeit, daß man sich ein Serien-Auto kauft, auch wenn es sich um einen sehr teueren Wagen handelt, und man findet nichts dabei, wenn Herr X den gleichen Wagen fährt. Noch vor dem Kriege stellte sich der Produzent ganz auf die Wünsche des einzelnen Kunden ein. Kein Wagen fast, der die Fabrik verließ, war mit einem anderen zu vergleichen, der vorher oder nachher gebaut wurde. Wie es hier im Großen ist, so ist es im Kleinen auch. Unsere Bedürfnisse sind mehr oder weniger gleichartig geworden. Wie wäre sonst die Existenz der vielen Konfektionshäuser denkbar, die ein einziges Kleidermodell im ganzen Lande mit Erfolg anbieten? Es stört uns nicht mehr so, wenn uns plötzlich jemand in die Quere kommt, der genau so angezogen ist wie wir selbst.

Wir wünschen, daß die Ware, die wir verbrauchen wollen, von möglichst wenig fremden Händen berührt worden ist, und sind bereit, für die Erfüllung dieses Wunsches auch einen höheren Preis anzulegen. Unsere Ansprüche in hygienischer Hinsicht haben sich gegenüber früher gewaltig verändert. Selbst Brot, Wurst- und Fleischwaren kann man heute in Cellophanpackungen kaufen. Die Entwicklung zum Markenartikel beginnt. In Amerika kennt man seit kurzem Fleisch- und Wurstwarenläden, die nur solche Packungen verkaufen. Sie sind luxuriös eingerichtet und auch mit vornehmen Teppichen ausgestattet, was bei offenem Verkauf von Fleischwaren undenkbar ist.

Obwohl man also sagen kann, daß der Markenartikel vom Konsumenten gerne gesehen wird, fehlt es doch auch nicht an ablehnenden Stimmen. Diese behaupten meistens, daß der Markenartikel einen zu hohen Preis habe und daß der Konsument dadurch benachteiligt werde. Solche Meinungen gehen oft von Organisationen aus, die man vielleicht als Konsumentenorganisationen bezeichnen kann. Im Verlaufe unserer Ausführungen haben wir das Beispiel der christlichen Gewerkschaften gebracht. Insofern, als sie lediglich für ihre Mitglieder handeln, dürfte die Bezeichnung zutreffen. Da sie daneben aber auch noch wirtschaftliche Unternehmungen betreiben, die christlichen Gewerkschaften z. B. die „Gepag" Großeinkaufs- und Produktions A.G. deutscher Konsumvereine, handeln sie natürlich auch im Interesse dieser Unternehmungen. Beides läßt sich nicht leicht trennen. Man kann daher die Meinungen, die von dorther kommen, nur bedingt als die Meinung der Konsumenten anerkennen. Klar wird diese aber gekennzeichnet durch die Entwicklung des Markenartikels selbst. Ohne die Gunst des Konsumenten wäre er längst wieder vom Markte verschwunden.

Psychologisch ist also die Idee des Markenartikels denkbar günstig vorbereitet. Nun muß natürlich gesagt werden, daß die Zahl der Markenartikel, auch auf einem einzigen Gebiete, sehr groß ist und demnach dem Sonderungsbedürfnis des einzelnen, seinen besonderen Ansprüchen auf Qualität wie Aufmachung und Ausführung noch genügend freien Spielraum läßt. Nur darf nicht übersehen werden, daß der Konkurrenzkampf auch unter Markenartikeln gleicher Art niemals aufhört, sondern in vielen Fällen ganz besonders heftige und erbitterte Formen annimmt. Bei einer Fortsetzung dieses Gedankenganges ergäbe sich etwa folgendes: Die erfolgreichen Markenartikel verdrängen die anderen, nur einige wenige teilen sich dann noch in die Bedarfsdeckung. Der Konsument wäre nur auf eine kleine Auswahl angewiesen. Die Normierung unserer Bedürfnisse wäre durchgeführt. Es ist nicht zu leugnen, daß die Entwicklung darauf hindeutet. Dem Markenartikel wohnen zwar monopolistische Tendenzen inne, aber auch hier ist es so, daß für einen Markenartikel, der besiegt vom Markte abtreten muß, zwei andere auf den Plan treten und damit dafür sorgen, daß uns noch eine reiche Differenzierung unseres Bedarfes möglich bleibt.

Nun könnte man noch durch eine Reihe gewiß imposanter Zahlen auch rein statistisch ein Bild der Bedeutung des Markenartikels entwerfen. Wir verzichten darauf zugunsten eines, wie wir glauben, recht eindrucksvollen Beispiels: Fast vor den Augen der Öffentlichkeit verborgen, hat sich der holländische Margarinetrust zu einem Weltunternehmen entwickelt[57].) Er verfügte ungefähr zu Beginn des Jahres 1930 über ein Kapital von zirka 3 Milliarden Mark. Wenn man die I.G. Farbenindustrie damit vergleicht, die mit einem Kapital von etwa 1,2 Milliarden Mark arbeitet, kann man sich einen leisen Begriff von der Ausdehnung und Macht dieses Unternehmens machen. In allen Fabrikationszweigen, die mit Fett zu tun haben, nimmt es eine beherrschende Stellung ein. In Deutschland ist fast die gesamte Margarine-Industrie, die man zur Markenartikelindustrie rechnen muß, in einem Abhängigkeitsverhältnis zu ihm. Über 200 Gesellschaften

---

[57]) Das größte Privatunternehmen Europas. Der Parfümeriehandel, Berlin 1930, Nr. 18.

der Seifenindustrie in allen Teilen der Welt, z. B. die weltbekannte Sunlight-Seifenfabrik in Port Sunlight in England gehören dem Konzern an. In die Gebiete der Schokolade und Kosmetik ist er eingedrungen. Für Deutschland sind hier die Namen Elida Parfümerie AG., Leipzig, und das Reichardtwerk in Wandsbek von besonderem Interesse [58]). Beide Industrien müssen als ausgesprochene Markenartikelindustrien bezeichnet werden. Die gesamten deutschen Interessen des Trusts liegen in den Händen von Schicht, dessen nach ihm benannter Konzern ganz in diesem größeren Konzern aufgegangen ist. Die Fabriken des Konzerns verarbeiten zusammen mindestens vier Fünftel der gesamten Kopraproduktion der Welt [57]).

[58]) Der Fränkische Kurier, Nürnberg, vom 28. Mai 1930, bringt folgende Mitteilung: „Stollwerck-Schicht-Verhandlungen vor dem Abschluß. Die Verhandlungen zwischen der Gebrüder Stollwerck A.G. und der Schicht-Gruppe, die auf die Übernahme der zum Schichtkonzern gehörenden Reichardt-Werke, Wandsbeck-Hamburg, durch Stollwerck abzielen, sind, wie aus Köln gemeldet wird, nunmehr soweit gediehen, daß sich noch in der laufenden Woche der Aufsichtsrat von Stollwerck mit der Angelegenheit befassen wird." In der Zwischenzeit hat Stollwerck die Reichardt-Werke dann auch übernommen. Danach scheinen sich die Erwartungen, die Schicht an die Eingliederung der Reichardt-Werke in seinen Konzern geknüpft hatte, nicht erfüllt zu haben.

[57]) Siehe Fußnote 57 auf voriger Seite.

II. Der chemisch-pharmazeutische Markenartikel und sein Markt

A. Der chemisch-pharmazeutische Markenartikel

a) Entstehung aus der Rezeptur des Apothekers

Wir wissen, daß Arzt und Apotheker seit jeher besondere Vertrauenspersonen sind. Das Rezept des Arztes wird genau so verstanden, wie er es haben will, und danach wird die betreffende Arznei hergestellt. Das Laboratorium des Apothekers spielt eine wichtige Rolle, man muß sich auf den Apotheker verlassen können, denn in seiner Hand liegen oft Leben und Tod eines Menschen. Ein Teil dieser Verantwortung ist dem Apotheker durch die chemisch-pharmazeutischen Fabriken abgenommen worden. Solche Arzneien, die erfahrungsgemäß besonders häufig verordnet und abgegeben werden müssen, stellen diese nun im großen her und liefern sie in einer bestimmten Dosis und Verpackung dem Apotheker, der sie seinerseits nur noch an den Käufer abzugeben braucht, ohne sie irgendwie zu verändern oder neu zusammenzustellen. Die Erfordernisse, die man an ein solches fabrikmäßig hergestelltes Heilmittel stellen muß, drängen zum Markenartikel hin. Das Vertrauen, das man bislang zum Apotheker hatte, muß auf den Hersteller des Heilmittels, eine vorläufig ganz unbekannte Fabrik, übertragen werden. Das Heilmittel wird in einer Verpackung dargeboten, die von vornherein gewährleistet, daß das Mittel in gleicher Beschaffenheit in die Hände des Käufers gelangt, wie es die Fabrik verlassen hat. Eine bestimmte Benennung und eine genaue Herkunftsbezeichnung sorgen dafür, daß der Käufer sich mit Hilfe dieser Namen eine Vorstellung vom Hersteller machen kann. Sie bringen aber auch gleichzeitig zum Ausdruck, an wen eine Beanstandung gerichtet werden muß. Es wird deutlich gemacht, daß die Verantwortung vom Apotheker auf den betreffenden Fabrikanten übergegangen ist. Immer mehr Rezepte gehen aus der Hand des Apothekers in die der chemischen Fabrik, und schließlich entstehen im Fabriklaboratorium, das mit ganz anderen

Hilfsmitteln und Einrichtungen arbeiten kann als das Laboratorium des Apothekers, ganz neue Heilmittel. „Germanin" und „Insulin" sind berühmte Beispiele dafür.

Der chemisch-pharmazeutische Markenartikel fand Anklang beim Publikum. Für den Apotheker brachte die neue Verkaufsart den Nachteil mit sich, daß auch ein weniger gut vorgebildeter Berufsstand die Abgabe an den Käufer übernehmen konnte. Der Apotheker mußte sich mit dem Drogisten teilen, soweit es sich um den Verkauf von Vorbeugungsmitteln handelte. Gerade das Vorbeugungsmittel aber war für die Ausgestaltung zum Markenartikel besonders geeignet. Welche Bedeutung den Vorbeugungsmitteln im Umsatz der Apotheke zukam, wird klar, wenn man bedenkt, daß das große Gebiet der Nähr- und Kräftigungsmittel wie der Präparate gegen Husten und Heiserkeit dazugehören. Nur die sogenannten nicht freiverkäuflichen Artikel, die Heilmittel, sind auch heute noch ausschließlich der Apotheke vorbehalten.

b) Das Wesen des chemisch-pharmazeutischen Markenartikels

Alle Heil- und Vorbeugungsmittel im weitesten Sinne, alle Erzeugnisse der kosmetischen Industrie, soweit sie als Markenartikel im Sinne unserer allgemeinen Definition angesehen werden können, sehen wir als chemisch-pharmazeutische Markenartikel an. Neben diesen Artikeln gibt es eine Unzahl von Erzeugnissen der chemischen Industrie, die natürlich auch Markenartikel sind. Wir fassen sie unter der Sammelbezeichnung technische Pharmazeutika zusammen.

Die chemisch-pharmazeutischen Markenartikel müssen nun in zwei große, streng voneinander geschiedene Gruppen eingeteilt werden:
1. freiverkäufliche Markenartikel und
2. nicht freiverkäufliche Markenartikel.

Die Kaiserliche Arzneimittelverordnung von 1901 bezeichnet als freiverkäufliche Mittel alle die Artikel, die ohne eine Beschränkung gleichermaßen in Apotheke und Drogerie feilgehalten werden dürfen und die von hier aus ihren Weg auch in die angrenzenden Branchen gefunden haben. Die kosmetischen Artikel fallen nicht mehr unter die Kaiserliche Verordnung. Wir ordnen sie hier unter die freiverkäuflichen Mittel ein. Sie sind die ersten Markenartikel, die ihren Weg zu den Angrenzern gefunden und sich ihrem Ursprung gänzlich entfremdet haben. Kosmetika findet man in den Apotheken nur noch in seltenen Fällen[59]), dagegen sind sie bei Friseuren und auch in

---

[59]) Eine Folge des erbitterten Konkurrenzkampfes zwischen Apotheke und Drogerie mag es wohl sein, daß man in der letzten Zeit auch in den Apotheken wieder mehr kosmetische Erzeugnisse findet.

Kolonialwarenhandlungen heimisch geworden, ja, sie haben sogar den Anlaß zur Gründung von Spezialgeschäften gegeben.

Zur Gruppe der nicht freiverkäuflichen Markenartikel gehören alle die Arzneiwaren, die durch die Kaiserliche Verordnung ausdrücklich dem Verkauf durch die Apotheken vorbehalten geblieben sind. Rein zahlenmäßig bleiben sie den freiverkäuflichen gegenüber in der Minderheit. Als Beispiel für solche Markenartikel seien Aspirin, Pejo-Pillen, Cellotropin, Germanin usw. genannt. Es handelt sich also um Arzneimittel, die nur gegen ärztliche Verordnung abgegeben werden und die außer bei den Ärzten — an die sich auch ausschließlich alle Werbemaßnahmen richten — nur bei den Leuten wirklich bekannt sind, denen sie verordnet worden sind. An Popularität stehen sie also hinter den freiverkäuflichen Markenartikeln.

Aber auch alle die Teesorten sind nicht freiverkäuflich, deren Bestandteile (Blätter, Blüten und Früchte) zerkleinert sind. Eine Bestimmung, die schon zu vielen Prozessen gegen Drogisten Veranlassung gegeben hat und gegen die von den Drogisten immer wieder Sturm gelaufen wird.

Findeisen gebraucht den Begriff „freiverkäufliche Markenartikel" im Gegensatz zu dem Begriff „syndizierte Markenartikel". Er versteht unter den ersteren Markenartikel, deren Hersteller nicht dem Markenschutzverband angehören, so daß dessen Vorschriften über Preisbindung auf sie nicht angewendet werden konnten. Syndizierte Markenartikel sind dann die, deren Hersteller dem Markenschutzverband angehören und sich an seine Bestimmungen halten müssen.

Wir haben diese Einteilung abgelehnt, weil wir nicht mit den von der Kaiserlichen Verordnung eingeführten Begriffen „freiverkäuflich" und „nicht freiverkäuflich" in Konflikt kommen wollen. Eine begriffliche Unklarheit wäre aber gegeben, sobald von einem Markenartikel die Rede ist, der im Sinne der Kaiserlichen Verordnung als freiverkäuflich bezeichnet wird, der aber auch im Sinne Findeisens ein freiverkäuflicher Markenartikel ist.

B. Produktion und Absatz des chemisch-pharmazeutischen Markenartikels

a) Die chemisch-pharmazeutische Markenartikelindustrie und ihre Absatzmaßnahmen

1. Industrie der Heil- und Vorbeugungsmittel im weitesten Sinne

Eine besondere Stellung innerhalb dieser Produktion nehmen wohl die Werke ein, die zur I.G. Farbenindustrie gehören, z. B. die Höchster

Farbwerke und die Leverkusener Werke. Gleich nach ihnen wäre E. Merck in Darmstadt zu nennen. Diese Unternehmungen sind zu internationaler Bedeutung aufgestiegen, und ihr Feld ist wirklich die ganze Welt. Die Kapitalkraft und die weitverzweigte Organisation dieser Riesenunternehmungen verhelfen jedem neuen Erzeugnis zu einem schnelleren, vielleicht auch günstigeren Start gegenüber den Fällen, wo ein Unternehmen mittleren Umfangs einen neuen Markenartikel herausbringen will. Der Enderfolg allerdings muß nicht von dieser günstigen Ausgangsstellung abhängen — der wird nur auf dem Markte entschieden. Wir finden bei diesen Firmen so ziemlich alle Artikel, die sich unter die Rubrik „Heil- und Vorbeugungsmittel" einordnen lassen. Das Arbeitsgebiet des I.G. Farbenkonzerns ist die organische und anorganische Chemie. Daraus ergibt sich sein Arbeitsprogramm von selbst. Abgesehen von diesen Großfirmen aber, deren Fabrikation das ganze Gebiet der Heil- und Vorbeugungsmittel umfaßt, hat sich doch auf dem Gebiete der übrigen Produktion eine weitgehende Spezialisierung durchgesetzt.

Wir kennen z. B. Unternehmungen, die nur solche Heilmittel herstellen, die auf Verordnung des Arztes durch die Apotheke abgegeben werden, z. B. das schon genannte Insulin. Dann gibt es Unternehmungen, die sich ausschließlich der Produktion freiverkäuflicher Artikel — also von Vorbeugungsmitteln — zugewandt haben. Beide Zweige sind bei der I.G. Farbenindustrie vereinigt. Die Anzahl der Heilmittelfabriken tritt stark hinter die der Hersteller von Vorbeugungsmitteln zurück. Der freiverkäufliche Artikel hat eben von vornherein größere Absatzmöglichkeiten. Hier hat dann eine Spezialisierung eingesetzt, die wir in dieser Ausdehnung bei der Herstellung von Heilmitteln nicht beobachten können. Zum Beweis dafür wollen wir einige Spezialfabriken anführen: Die besonders in früheren Jahren bekannte und beliebte Kinderemulsion wird oft von Firmen hergestellt, die sich ausschließlich diesem einen Artikel widmen. Scott und Zalewski sind Beispiele dafür. Für Malzpräparate, die ebenfalls zu den Kräftigungsmitteln gehören, ist die bekannte Biomalzfabrik zu nennen. Nun ist diese Firma auch zur Fabrikation von Hustenmitteln übergegangen. Tee in jeder Zusammensetzung ist heute noch ein beliebtes Hausmittel, infolgedessen befaßt sich eine große Anzahl von Firmen mit der Herstellung von Teemarken. Wir kennen eine Firma, die ausschließlich Wacholderextrakt liefert, und andere Firmen, die nur flüssige Hustenmittel herstellen: Fenchelhonig, Spitzwegerichsaft, Hustentropfen usw. Dann gibt es Firmen, die erprobte Hausmittel herstellen und in der Form des Versandgeschäftes direkt an den Konsumenten vertreiben; dies sind aber Ausnahmefälle, die zwar erwähnt werden müssen, unser Interesse aber doch erst in zweiter Linie beanspruchen, da wir uns hier schon in der Sphäre der Verteilung befinden.

Andererseits treffen wir auch die drogistischen Genossenschaften, die zur Eigenherstellung von Vorbeugungsmitteln übergegangen sind. Schon durch ihr bloßes Dasein wirken sie auf die übrigen Produzenten alarmierend.

Bonbonsspezialitäten, insbesondere als Vorbeugungsmittel gegen Husten und Heiserkeit, sind in den letzten Jahren zu einem großen Handverkaufsartikel geworden. Hauptsächlich Eukalyptus-Menthol-Bonbons haben sich die Gunst der Konsumenten erworben. Hier handelt es sich aber um Erzeugnisse, die sehr oft in reinen Zuckerwarenfabriken hergestellt werden und die ihren Weg erst über die Zuckerwarenbranche ins Fachgeschäft gefunden haben. Andere Fabriken für gleichartige Artikel wandten sich prinzipiell nur an Drogerien. Sie hatten aus den Erfahrungen anderer gelernt. Zwei Interessensphären berührten sich: der Produzent sah, daß ihm gerade für diese Spezialität der Drogist eine wichtige Verkaufshilfe ist, und dieser wiederum wollte sich die mutmaßlichen Gewinnmöglichkeiten nicht entgehen lassen. Ein Artikel, über dessen reguläre Branchezugehörigkeit sich streiten ließe, wurde so allmählich zu einer drogistischen Spezialität. Sehr oft werden diese Präparate als Hausmarke verkauft.

Solange die Zuckerwarenbranche die ihr seit langem bekannten Eukalyptus-Methol-Bonbons allein vertrieb, waren diese eine von den vielen Sorten Hustenbonbons. Als Drogerie und Apotheke sich dafür interessierten, mußte sich das Erzeugnis den veränderten Verhältnissen anpassen. Alsbald setzte die Entwicklung zum Markenartikel ein, die auch heute noch nicht abgeschlossen ist.

Daraus hat sich nun in manchen Fällen eine etwas eigenartige Stellung der betreffenden Produzenten ergeben. Auf der einen Seite ist aus einer ihrer Waren ein großer Artikel geworden, der im Fabrikationsprogramm eine Sonderstellung einnimmt. Die Verkaufsorganisation wird besonders darauf eingestellt und muß auf die Drogerien und Apotheken in vielen Fällen Rücksicht nehmen. Auf der anderen Seite geht ein Großteil der Produktion als Konsumware immer noch an die Konfitürengeschäfte ab. Auch diese fordern für sich Rücksichtnahme. Wenn das Fachgeschäft [60]) diese Spezialität nun ganz für sich in Anspruch nimmt, so will auch das Zuckerwarengeschäft nicht darauf verzichten, was nun wieder den Produzenten in die größte Verlegenheit bringt, weil er sich mit beiden Abnehmergruppen halten will.

Natürlich kennen wir auch eine Reihe von Produzenten, die heute noch nach dem althergebrachten System arbeiten. Die Corrifin-Bonbons der I.G. Farbenindustrie oder die Wybert-Tabletten sind be-

---

[60]) Die Drogerie wird in der Praxis als Fachgeschäft bezeichnet im Gegensatz zu den übrigen Geschäften, die ebenfalls Artikel führen, die man in der Drogerie sucht.

zeichnende Beipsiele dafür. Hier handelt es sich um vollgültige Markenartikel, und zwar um solche, die nur in Drogerie und Apotheke zu finden sind. (Wybert ist 1930/31 vorübergehend von diesem System abgegangen und belieferte auch Kolonialwarenhändler usw.) Würden diese Marken in anderen Geschäften auch angeboten, dann würden ihre Hersteller Gefahr laufen, daß sie beim Publikum an Wertschätzung verlieren, und die Folge wäre — trotz der vergrößerten Absatzbasis — ein Umsatzrückgang. Hier arbeitet der Produzent bewußt gegen alle Abwanderungstendenzen seines Artikels in Nichtfachgeschäfte. Da sich dabei seine Interessen mit denen der Verteiler verbinden, sind seine Bemühungen zum großen Teil von Erfolg begleitet, wenn man auch trotzdem da und dort in einem Nichtfachgeschäft seine Artikel bekommen kann.

Es ist gar nicht merkwürdig, daß wir gerade auf dem Gebiet der Heil- und Vorbeugungsmittel die meisten sogenannten Doktorfirmen finden. Einmal sind diese Unternehmungen oft aus Apotheken oder chemischen Laboratorien entstanden, oft mit einem Arzt als Berater, so daß sich der Doktortitel von hier ableiten ließ, andererseits aber wenden sich auch heute viele promovierte Chemiker, Apotheker und Ärzte diesem Zweig der Produktion zu. Es hat sich schon oft erwiesen, daß eine Doktorfirma für sich allein schon einen Werbewert besitzt. Hinter dem Titel „Doktor", mit dem sich beim großen Publikum immer noch der Begriff des Arztes verbindet, verbirgt sich so viel Beruhigendes, Vertrauenswürdiges, daß auch heute noch die Artikel besonders bevorzugt werden, aus deren Aufschrift hervorgeht, daß ihre Herstellerin eine Doktorfirma ist, oder daß ein Doktor-Arzt die Anleitung zur Herstellung gegeben hat.

Je nach dem Charakter der hergestellten Erzeugnisse ist auch die Absatzpolitik eingestellt. Für nicht freiverkäufliche Artikel wird die sogenannte Ärztepropaganda unternommen, denn nur auf ärztliche Verordnung hin darf dieser Artikel in der Apotheke abgegeben werden.

Mit der Reklame für freiverkäufliche Artikel aber wird man sich in der Hauptsache an den Konsumenten, dann aber auch an den Verteiler wenden.

Die Stellung des Produzenten freiverkäuflicher Artikel zu seinen Abnehmern, den Groß- und Kleinhändlern, ist oft eine sehr problematische. Der Fachhandel nimmt diese Artikel für sich als den Alleinverkaufsberechtigten in Anspruch. Nun kann es auch der Produzent nicht verhindern, daß seine Erzeugnisse auf Wegen zum Konsumenten gelangen, mit denen er nicht einverstanden ist. Er wird aber fast stets für derartige Vorfälle verantwortlich gemacht. Der Fachhandel droht dann damit, diesen Erzeugnissen kein Interesse mehr zu schenken oder sie gleich ganz zu boykottieren. Andererseits ist es auch oft so, daß die Absatzbasis, die durch den Fachhandel gegeben ist, für den betreffenden Artikel viel zu gering ist. Der Produzent muß sich also auch an andere Branchen wenden und gerät dann oft in ein schlimmes Dilemma, aus dem es schier keinen Ausweg zu geben scheint. Es kommt dann manchmal zu einer Kraftprobe zwischen Produzent und Verteiler.

2. Kosmetische Industrie

Die kosmetische Industrie ist, wenn man so sagen darf, viel populärer als die Industrie für Heil- und Vorbeugungsmittel. Sie hat durch die in der Nachkriegszeit zur Herrschaft gelangten Modebestrebungen, wie Sport, Körperkultur, Schönheitspflege usw. einen gewaltigen Auftrieb bekommen. Die kosmetische Industrie ist zur typischen Markenartikelindustrie geworden. Auf der einen Seite wurden die Herstellernamen bekannt: „Mouson & Co.", „Johann Maria Farina gegenüber dem Jülichsplatz", „Parfümeriefabrik Ferdinand Mühlens Glockengasse 4711", „Georg Dralle, Hamburg"; andererseits trat die Firma vollkommen hinter den Namen des Markenartikels zurück: „Odol", „Pixavon" (Lingnerwerke), „Trilysin", „Eucutol" (Chemische Fabrik Promonta), „Kaloderma" (Wolf & Sohn), „Khasana" (Dr. Albersheim), „Chlorodont" (Leowerke), „Elida" (Elida AG.). Diese Liste könnte noch lange fortgesetzt werden. Eine große Rolle spielen die französischen, englischen und amerikanischen Kosmetika unter den Namen: Houbigant, Lenthéric, Elisabeth Arden, Amor-Skin, Palmolive usw.

Alle Artikel dieser führenden Firmen, mit Ausnahme einiger Spitzenreiter, haben sich in ihren Preisen ziemlich angeglichen. Obwohl durch diese Firmen eine ungeheure Anzahl von Haarwassern, Kopfwassern, Parfüms, Kölnisch Wassern, Seifen, Cremes, Puder, Schminkstiften usw. angeboten werden, so daß man allein in Seifen Hunderte von verschiedenen Marken haben kann, hat sich diese ungefähre Preisangleichung doch durchsetzen können, weil jeder Artikel seine besondere Liebhaberkundschaft hat, die fest auf ihn eingeschworen ist. Hier spricht die Reklame ein gewichtiges Wort mit. Sobald die Erinnerung an einen bestimmten Artikel beim Publikum nicht mehr wachgehalten wird, geht sofort sein Umsatz zurück. Ein Markenartikel ohne Reklame ist fast undenkbar, hier hat die Werbung nicht nur den Zweck, neue Konsumenten zu gewinnen, sondern auch die alten bei der Fahne zu halten. Der Werbeetat spielt daher bei den Absatzdispositionen eine gewichtige Rolle. Wenn man sich vorstellt, daß der Jahresumsatz einer größeren deutschen Parfümeriefabrik 20 Millionen Mark beträgt, dann kann man sich ein Bild davon machen, welche gewaltigen Umsätze die deutsche kosmetische Industrie pro Jahr erzielt und welche Summen für Reklame festgelegt werden müssen. Sie betragen etwa 5 bis 9 % vom Umsatz. Nun liegen die Absatzverhältnisse für Kosmetika viel einfacher als für Heil- und Vorbeugungsmittel. Die Kosmetika sind längst über die Sphäre der Apotheke und Drogerie hinausgewachsen. Es gibt heute Spezialparfümerien, und jeder Friseur führt mehr oder weniger Kosmetika, ohne daß deswegen derart erbitterte Kämpfe zwischen Produzent und Fachgeschäften geführt werden müßten, wie dies bei den Heil- und Vorbeugungsmitteln der Fall ist. Hier hat sich das Fachgeschäft mit der Entwicklung der Dinge abgefunden. Allenfalls kommt es noch zu Auseinandersetzungen wegen des Preisschutzes oder weil besonders gutgehende Artikel hin und wieder auch schon den Weg in Kolonialwarengeschäfte oder in Automaten usw. gefunden haben.

Es lassen sich verschiedene Absatzprinzipien beobachten. Elisabeth Arden z. B. gibt ihre Präparate in jeder Stadt nur an eine oder zwei der führenden Parfümerien zum Verkauf, die sich allerdings zu einem bestimmten Jahresumsatz verpflichten müssen. Ganz abgesehen davon, daß diese Präparate wegen ihres Preises nur für das sogenannte gute Publikum in Frage kommen und daß deswegen die Artikel in einem besonders vornehmen Geschäft angeboten werden sollen, verfolgt der Produzent dabei den Gedanken, daß der Umsatz in einer Stadt durch Konzentrierung auf ein oder zwei Geschäfte gehoben würde. Die Zersplitterung auf alle in Frage kommenden Verkaufsstellen wäre nur den besonderen Werbemaßnahmen abträglich. Diese Verkaufsstellen werden nun dauernd vom Produzenten unterstützt. So unterhält Elisabeth Arden an ihrer deutschen Zentrale in Berlin eine sogenannte Verkaufsschule. Dort werden auf ihre Kosten die Verkäuferinnen der Geschäfte, denen der Verkauf übergeben wurde, zu Spezialistinnen für Arden-Präparate ausgebildet. Außerdem kommen in bestimmten Abständen besonders autorisierte Repräsentanten des Hauses, Adelige, ehemalige Großfürstinnen usw., also Angehörige der ersten Gesellschaftskreise, um die Kundschaft des betreffenden Geschäftes in allen einschlägigen kosmetischen Fragen zu beraten. Diesem Prinzip haben sich andere Firmen angeschlossen, und man hat tatsächlich feststellen können, daß derartige Präparate von Leuten gekauft werden, die eigentlich wegen ihrer geringen Kaufkraft gar nicht dafür in Frage kämen. Schönheitsmittel sind eben heute auch dort zu einem Bedürfnis geworden — und zwar zu einem solch starken, daß dafür gerne auf die Befriedigung anderer, früher vordringlicherer verzichtet wird —, wo früher überhaupt keines vorhanden war.

Dieses Auswahlprinzip verliert bei anderen Firmen immer mehr an Schärfe, bis es schließlich ins gerade Gegenteil umschlägt: der Produzent möchte sich am liebsten den ganzen Verteilerapparat zunutze machen. Hier finden wir die Übergänge zu den angrenzenden Verteilergruppen. Der Hersteller versucht den Verkauf des Kleinhändlers, insbesondere durch Schaufensterdekorationen, zu unterstützen und betreibt daneben eine ausgedehnte Konsumentenreklame. Das ganze Jahr über sind Dekorateure unterwegs, die auf Kosten des Produzenten die Schaufenster des Kleinhändlers dekorieren und auch im Laden selbst Ausstellungen veranstalten.

Endlich schalten viele Produzenten, vor allem solche, die eingeführt sind, die Mitwirkung des Großhändlers ganz aus. Sie beliefern prinzipiell nur den Kleinhändler und gehen dabei vielleicht von der Erwägung aus, daß auch beim Verkauf an Grossisten die Vertriebsspesen, hauptsächlich die Kosten für Reklame, die gleichen bleiben, während durch den Grossistenpreis ein viel geringeres Entgelt für den Aufwand hereinkäme als durch den Detailpreis.

3. Technische Pharmazeutika

Alle Hemmungen, die für Heil- und Vorbeugungsmittel wie für Kosmetika noch bestanden, kommen hier in Fortfall. Persil kann man fast überall kaufen, und niemand findet das sonderbar. Schuhcreme hat der Hausierer wie das Kolonialwarengeschäft wie der Drogist. Bronzefarben sind auch in Farbenhandlungen zu kaufen. Fleckenmittel sind überall erhältlich, sogar im Schuhgeschäft. Nun nähern wir uns dem typischen Konsumartikel, wir geraten in die Sphäre der lebensnotwendigen Bedarfsartikel. Eine Ware wie Sunlichtseife muß ein ganz anderes Verbreitungsgebiet haben als etwa Khasanaseife. Hier handelt es sich um ein Kosmetikum, das in gewissem Sinne ein Luxusbedürfnis befriedigt, dort um eine Haushaltseife, die zum Waschen und Putzen notwendig ist, die man aber ebenfalls für den persönlichen Gebrauch verwenden kann.

Wenn auch unter den technischen Pharmazeutika sehr viele Artikel sind, die der Drogist heute noch für sich reklamiert, so möchten wir doch unsere Anschauung aufrechterhalten, daß diese technischen Artikel sich nicht auf den Bereich des Fachgeschäfts beschränken lassen. Silberputzmittel findet man heute fast mehr beim Goldschmied und Juwelier als beim Drogisten. Wir finden hier nur immer wieder bestätigt, daß der Markenartikel eine breite Absatzbasis erstrebt. Die technischen Pharmazeutika haben die Beschränkung auf einen engen Kreis von Fachgeschäften zuerst durchbrochen, infolgedessen sind sie heute auch bei den verschiedensten Kleinhändlern anzutreffen. Die Zahl der Verteiler ist unübersehbar groß. Es kommt deshalb kaum vor, daß der Produzent ausschließlich nur mit dem Kleinhändler arbeitet. Hier tritt der Grossist auf; er erst bringt den Artikel an die allerletzte Verkaufsstelle und durch diese an den letzten Konsumenten heran. Der vielverzweigte Verteilungsapparat gewährt allerdings nicht mehr die Sicherheit, daß der vorgeschriebene Preis auch überall eingehalten wird. Es sind zu viele unkontrollierbare Möglichkeiten gegeben, Preisvorschriften zu umgehen. Findeisen [61]) teilt mit, daß schon 1911 die Kleinhändler, die unmittelbar mit den Palminwerken H. Schlick & Co., Mannheim-Hamburg, verkehrt hätten, die Zahl 100 000 erreicht

---

[61]) Findeisen, Franz, a. a. O., S. 53.

hätten. Wie ausgeklügelt die Preisvorschriften sein mußten, daß sie von einer solch riesigen Zahl von Abnehmern auch eingehalten wurden, belegt er durch das Beispiel von Grossisten-Bedingungen der Kathreiners Malzkaffee-Fabriken.

Wir hatten schon gefunden, daß der Markenartikel den Verkauf außerordentlich erleichtert und daß deshalb auch immer mehr Kleinhändler aller möglichen Branchen den Verkauf von Markenartikeln aufnehmen. Infolgedessen gingen manche Fabrikanten dazu über, ihren Markenartikel nur ganz bestimmten Verteilergruppen und unter diesen nur einer Auswahl von Geschäften zu überlassen. Das Bemühen der Produzenten geht nun dahin, den Drogisten als Kleinhändler zu gewinnen und dafür andere Verteilergruppen zu verlassen.

Nun noch ein paar Worte über den Absatz des Produzenten spezifisch technischer Pharmazeutika, z. B. von Flit. Hier kommt wieder nur das Fachgeschäft in Frage. Wir finden unter den Inseraten in den Tageszeitungen den Nachsatz: „Niederlage . . ." oder „Verkaufsstelle . . .", und dann ist eine Reihe von Drogerien genannt. Diese Geschäfte werden so gewissermaßen zu autorisierten Vertretungen des betreffenden Produzenten. Diese Seite der Absatzpolitik ist uns auch bei der kosmetischen Industrie wie bei der für Heil- und Vorbeugungsmittel begegnet.

Für Markenartikel hygienischer Natur ist dem Produzenten von vornherein ein begrenztes Absatzgebiet gegeben, genau wie für die der Photobranche. Ein phototechnischer Markenartikel ist in einer Bäckerei undenkbar, während uns Bäckereien bekannt sind, in denen Persil zu haben ist.

Die Produzenten von Photoartikeln befinden sich in einer außerordentlich günstigen Stellung. Es handelt sich in der Hauptsache wieder um die I.G. Farbenindustrie und, soweit es die Optik angeht, um den Zeiss-Konzern. Diese Firmen sind heute schon so weit gegangen, daß sie den Kleinhändlern bestimmte Umsatzquoten vorgeschrieben haben, die sie erreichen müssen, wenn sie fernerhin in der Kundenliste der betreffenden Herstellerfirma geführt werden wollen.

b) Die Vertriebsorganisation

1. Der Großhandel

Man hat schon oft die Frage nach der Notwendigkeit des Großhandels überhaupt aufgeworfen. Sie soll von uns an dieser Stelle nicht beantwortet werden. Wir glauben aber, mit unseren nachfolgenden Ausführungen einen interessanten Beitrag dazu zu bringen.

Der chemisch-pharmazeutische Großhandel schrumpfte seit Beendigung der Inflation immer mehr auf einige ganz große Firmen zusammen. So erfreut sich z. B. die Firma Andrae-Noris-Zahn AG. in Südwestdeutschland heute einer führenden Stellung. Sie hat ihre Beziehungen schon bis ins Ruhrgebiet ausgedehnt. Solche Firmen sind über den Umfang des Einzelunternehmens hinausgewachsen und bedienen sich der Form der Kapitalgesellschaft. Das weist auf einen Umstand hin, der für diese Art Großhandlung bezeichnend ist. Nimmt man einen Katalog einer solchen Firma in die Hand, dann wird manches klar. 15 000 Katalognummern sind durchaus nichts Besonderes. Selbst wenn von jedem dieser 15 000 Artikel nur ein ganz geringfügiges Lager unterhalten wird, ergibt sich doch ein gewaltiger Lagerwert. Außerdem muß man bedenken, daß manche Spezialitäten oft einen hohen Wert haben. Schon allein daraus geht hervor, daß der Kapitalbedarf ein so großer ist, daß eben nur genügend kapitalstarke Firmen Aussicht haben, auf die Dauer bestehen zu können.

Wenn man die Absatzseite betrachtet, so findet man, daß von der Kundschaft, eben dem Detailhandel, jede Katalognummer nur in allerkleinsten Mengen gekauft wird. Es ergeben sich so auf einer einzigen Rechnung sehr viele einzelne Posten, die in ihrer Gesamtheit aber doch nur einen verhältnismäßig geringen Betrag ausmachen. Solche Verkäufe verursachen recht umfangreiche kaufmännische Arbeiten, die mit großen Unkosten verknüpft sind. Eine mittlere süddeutsche Spezialitätengroßhandlung, das älteste Haus des pharmazeutischen Großhandels (150 Jahre), das Ende des Jahres 1929 zu einem Vergleich gezwungen war und 1931 in Konkurs ging, hatte bei einem monatlichen Umsatz von zirka 600 000 Mark, der sich in unzählige Einzelrechnungen zerlegte, einen Warenvorrat von 635 000 Mark und Außenstände von 730 000 Mark. Wenn man sich vorstellt, daß der Durchschnittsrechnungsbetrag kaum über 50 Mark hinausgeht, kann einem leicht verständlich werden, daß fast jeder Produzent sich gerne der Hilfe des Großhändlers bedient. Trotzdem gibt es Produzenten, die den Großhändler überhaupt ignorieren, meistens dann, wenn es sich um einen Markenartikel handelt, der sich so allgemein durchgesetzt hat, daß er schon vom Detaillisten im allerverlorensten Winkel selbst angefordert wird, z. B. 4711! Aber für die Einführungsarbeit wird sich der Produzent immer wieder an den Großhändler wenden. Im allgemeinen läßt sich auch hier der Satz aufstellen: Je mehr eine Ware zum Markenartikel wird, um so unabhängiger wird sie — ohne Zutun des Produzenten — vom Großhändler. Infolgedessen kann man jetzt in immer stärkerem Maße beobachten, daß der Großhandel die Aufnahme eines neuen Markenartikels so lange ablehnt, bis bei ihm von der Kundschaft danach gefragt wird. Aber auch dann wird ein solcher Artikel nicht gepflegt, sondern nur in dem Maße eingekauft, als Aufträge dafür vorhanden sind. Allerdings ist noch mitbestimmend, daß dem Großhandel nur eine verhältnismäßig geringe Nutzenspanne eingeräumt wird, während der Kleinhändler oft mit einer solchen rechnen kann, die um ein Mehrfaches größer ist. Endlich gibt es auch Hersteller, die von sich aus von Anfang an den Großhandel ausschalten und mit dem Kleinhändler direkt verkehren. Das hat verschiedene Ursachen: dem Markenartikel wohnen starke Abwanderungstendenzen inne. Diese können sich um so mehr verstärken, je länger sein Weg bis zum letzten Verbraucher ist. Daraus wiederum können dem Hersteller die größten Schwierigkeiten erwachsen, denen er aus dem Weg zu gehen versucht, indem er den Kleinhandel direkt beliefert.

Die Werbung für den Markenartikel bedient sich immer mehr der Hilfe des Schaufensters. Der Produzent ist daher gezwungen, auch wenn er mit dem Großhandel arbeitet, doch bei jedem Kleinhändler um Fenster zu werben und durch seine Wanderdekorateure dekorieren zu lassen. Er muß also fast die gleiche Außenorganiatsion schaffen, wie wenn der Großhandel ausgeschaltet wäre.

Nun hat sich natürlich auch im Großhandel eine Arbeitsteilung vollzogen, analog derjenigen im Kleinhandel. Die althergebrachte pharmazeutische Großhandlung hat schon so viele tausend Artikel zu führen, daß sie sich wirklich besinnen muß, bevor sie einen neuen Artikel dazunimmt. Sie bearbeitet im großen und ganzen ihr altes Gebiet weiter und überläßt z. B. den Handel mit kosmetischen Markenartikeln den Parfümeriegroßhandlungen.

Daneben wachsen in die Sphäre des Großhandels die verschiedenen Einkaufsgenossenschaften der Apotheker und Drogisten hinein, die heute schon ein gewichtiges Wort in der Verteilung mitsprechen. Neben diesen Genossenschaften bestehen dann noch sogenannte „wilde Einkaufsvereinigungen": ganz lose Vereinigungen einiger Kleinhändler, die gemeinschaftlich größere Abschlüsse tätigen, um dadurch in den Genuß vorteilhafter Preise zu gelangen. Alle diese „Marktverbände", wie Vershofen derartige Gebilde genannt hat, verfolgen also nur den Zweck, die Verdienstspanne der einzelnen zu vergrößern. Sie stoßen sogar in das Gebiet der Produktion vor, um möglichst jeden Zwischengewinn auszuschalten.

2. Der Detailhandel

a) Die Apotheke

Die Apotheke nimmt wohl innerhalb des Kleinhandels eine Sonderstellung ein. Die Gewerbefreiheit gestattet es heute jedem, ein beliebiges Gewerbe zu ergreifen, sofern er nur das notwendige Betriebskapital hat. (Wer sich ohne Fachkenntnisse dem Gewerbe zuwendet, wird dies bald zu spüren bekommen — ein Hinderungsgrund, es zu ergreifen, ist ihr Fehlen aber nicht.) Eine Ausnahme ist der Apothekenbetrieb. Er unterliegt auch heute noch dem Konzessionszwang. Die Konzessionierung wird streng gehandhabt, weil die Anzahl der Apotheken dem Bedarf angepaßt sein soll. Ihre Zahl vergrößert sich wahrscheinlich nicht einmal im Maße der Bevölkerungsvermehrung. Dies ist für die bereits bestehenden Apotheken von Vorteil. Sie werden immer einen leichteren Absatz haben, als ein Gewerbe, das der Konzessionspflicht nicht untersteht.

Es ließe sich also sagen, daß die Apotheken tatsächlich im Besitze eines Verkaufsmonopols sind, wenn nicht mit der Konkurrenz der Drogerien gerechnet werden müßte. Trotzdem kann man aber noch von einem teilweisen Monopol sprechen: Die Gesundheitspolizei hat die Verkaufsmöglichkeiten für die Apotheken und Drogerien genau geregelt. Die freiverkäuflichen Waren sind wie überall auch zum Verkauf in Apotheken und Drogerien zugelassen, während die nicht freiverkäuflichen Waren ausschließlich dem Verkauf durch die Apotheken vorbehalten sind. Die sogenannte Rezeptur darf nach wie vor nur von den Apotheken vorgenommen werden. Alles übrige also, zu dessen Herstellung oder zu dessen Verkauf — nach Meinung des Gesetzgebers — die ganz besonderen Kenntnisse notwendig sind, die auf Grund der Vorbildung nur der Apotheker, nicht auch der Drogist, haben kann, soll Reservatrecht des Apothekers bleiben.

Es ist verständlich, daß sich die Apotheke diese Reservatrechte auch in vollem Umfange zu erhalten sucht. Allerdings sind im Laufe der Zeit doch immer wieder Positionen verlorengegangen. Der Fabrikant mußte für seine Waren eine möglichst breite Absatzbasis finden. Die Voraussetzungen hat er durch die Schaffung des Markenartikels erfüllen können. Die Entwicklung hat die eigene Rezeptur des Apothekers entsprechend geringfügiger werden lassen. Auch die nicht freiverkäuflichen Artikel, in erster Linie ausgesprochene Heilmittel, werden heute dem Apotheker zum Teil schon in der Form des Markenartikels dargeboten, z. B. Aspirin. (Der Name ist der I.G. Farbenindustrie geschützt.) Bezeichnend ist, daß gerade Aspirin, das nach den geltenden Vorschriften in Drogerien nicht feilgehalten werden darf, bei Kontrollen durch die Gesundheitsbehörden schon des öfteren dort vorgefunden wurde.

Wir haben hier ein Schulbeispiel für die Abwanderungstendenzen des Markenartikels vor uns. Aus diesen Verhältnissen heraus hat sich eine besondere Einstellung des Apothekers zu seinem Beruf wie zu seinen Konkurrenten ergeben. Ein stetes Argument, dem man immer wieder begegnen kann, heute noch mit der gleichen Eindringlichkeit vorgebracht wie schon vor vielen Jahren: Der Apotheker steht im Dienste der leidenden Menschheit; mit dem Kaufmann, der seine Waren deswegen verkauft, weil er damit Geld verdienen möchte, hat der Apotheker wenig oder nichts gemein. Auch heute noch lehnt er es ab, seinen Stand mit unter die Gewerbe einzureihen, und vor allem: er zieht einen scharfen Trennungsstrich zwischen sich und dem Drogisten, mit dem er viele seiner ehemals privilegierten Rechte teilen muß. Da der Drogist eine andere Vorbildung genossen hat als der Apotheker, eine „unzureichende", wenn der Ausdruck gewagt werden darf, wird er vom Apotheker immer etwas über die Achsel, als nicht gleichberechtigt angesehen, auch wenn er noch so erfolgreich ist. Fast in jeder Nummer der beiderseitigen Fachpresse kann man Angriffe auf die Gegenseite finden. Ein bewährtes Hilfsmittel in diesem Kampf ist die Verordnung über die Freiverkäuflichkeit und Nichtfreiverkäuflichkeit pharmazeutischer Artikel. Der Apotheker sucht natürlich jeden Fall, wo ein Drogist sich eine Verletzung dieser Verordnung hat zuschulden kommen lassen, für sich auszuwerten. Beide Teile begründen ihr Vorgehen immer damit, daß sie wegen ihrer ganz besonderen Verantwortung dem Volksganzen gegenüber dazu verpflichtet seien. Der Kampf ist zuweilen schon so heftig geworden, daß sich z. B. einzelne Apotheker in vielen Fällen (auch zu ihrem eigenen Schaden) weigerten, Präparate zu führen, die auch in Drogerien feilgehalten wurden, und umgekehrt.

Man kann wohl sagen: Bis in die jüngste Zeit konzentrierte sich das Hauptinteresse der Apotheke auf die nicht freiverkäuflichen Artikel. Nun läßt sich hier ein ganz langsamer Wandel der Anschauungen beobachten. Da und dort finden sich Apotheken, die sich kurz entschlossen auf die freiverkäuflichen Markenartikel eingestellt haben. Die Entwicklung, die sich angebahnt hat, deutet darauf hin, daß sich dieser Wandlung die wenigsten entziehen werden. Allerdings, auch hier wird peinlich darauf gesehen, daß es sich nur um solche Artikel handelt, die man in der Apotheke auch wirklich sucht, also solche Artikel, die in der Medizinaldrogerie, die ja in ihrer Aufmachung der Apotheke am meisten ähnlich ist, feilgehalten werden. Technische Pharmazeutika, von denen weiter oben schon einmal die Rede war, wird man selten finden. Sie haben sich durch ihre weite Verbreitung ihrem Ursprungsort schon so sehr entfremdet, daß man sie dort auch nicht mehr kennen will.

Es setzt sich hier eine Arbeitsteilung durch, deren Notwendigkeit in wirtschaftlicher Hinsicht nicht absolut gegeben sein muß, die aber letzten Endes vom Standesbewußtsein der beteiligten Berufsgruppen diktiert wird.

In der Hageda (Handelsgesellschaft deutscher Apotheker) haben sich die Apotheker eine vorzüglich organisierte Großeinkaufsgesellschaft geschaffen. Damit haben sie sich auch Eintritt in den Großhandel verschafft.

β) Die Drogerie

Man könnte die reine Medizinaldrogerie als die jüngere Schwester der Apotheke bezeichnen. Sie unterscheidet sich von ihr dadurch, daß sie nur freiverkäufliche Artikel feilhalten darf. Dagegen hat sie sich eine Reihe anderer Artikel, Kosmetika, Photoartikel, Farben und

Lacke, technische Pharmazeutika usw. angegliedert. Diese Unzahl von Artikeln war gleichzeitig wieder die Veranlassung zu einer Spezialisierung der Drogerien. Man kennt heute neben der Medizinaldrogerie Photodrogerien, Drogerien für technische Artikel und schließlich Drogerien, die auch Artikel der angrenzenden Kolonialwarenbranche führen.

Da die Drogerien die eigentlichen Träger des freiverkäuflichen Markenartikels sind, gilt ihnen das besondere Werben des Produzenten. Das wiederum stärkt ihre Stellung gegenüber den Apotheken. Sie wollen im Laufe der Zeit soviel Artikel wie möglich zum Verkauf freibekommen, die bisher den Apotheken vorbehalten waren. Ihre Vertreter in den politischen Körperschaften arbeiten beständig darauf hin, und gerade in den letzten Jahren ist der Streit der Meinungen sehr heftig entbrannt, weil eine Abänderung der geltenden Verordnung zu erwarten ist. Ebenso haben natürlich auch die Vertreter der Apotheker die Aufgabe, dahin zu wirken, daß möglichst wenig Artikel an die Drogisten verlorengehen [62/63].

Gerade die starke gegenseitige Bekämpfung hat den Drogisten veranlaßt, daß er von Jahr zu Jahr mehr darauf sah, die ihm vorgehaltenen Fehler auszumerzen oder sich die fehlenden Fachkenntnisse zu verschaffen. Es wurden drogistische Fachschulen gegründet, deren Ansprüche von Jahr zu Jahr gesteigert werden, ja, es ist zur Gründung einer Fachoberschule, der staatlich anerkannten Drogisten-Akademie in Braunschweig, gekommen. Die Drogisten haben freiwillig von sich

---

[62] Der Drogenhändler, Eberswalde, 1930, Nr. 25, druckt Äußerungen eines Apothekers aus der „Pharmazeutischen Zeitung" ab, die für uns eine treffliche Illustrierung unserer Darlegungen abgeben. Wir entnehmen folgende bezeichnende Sätze: „Und geradezu ein Verbrechen am deutschen Volke wäre es, wenn ohne diese Herstellungseinschränkung auch noch dem Verkaufe von Arzneimitteln außerhalb der Apotheken keine scharfe Schranken gesetzt würden, sondern noch mehr als bisher Arzneimittel dem freien Handel — wobei es natürlich ganz gleich ist, ob ein Drogist oder sonst irgendein Händler die Mittel an den Mann zu bringen sucht — überlassen würden. Es geht nicht an, daß jeder, der nichts weiter als Geld verdienen will, Arzneimittel herstellt und mit stiller oder offener Reklame vertreibt." Diese Äußerungen werden von dem drogistischen Berichterstatter mit folgenden ironischen Randbemerkungen versehen: „Es ist nur gut, daß es eine Arzneitaxe gibt, an die sich die Apotheker nicht nur nach oben, sondern auch nach unten gebunden fühlen, sie würden sonst weiß Gott nur die Selbstkosten verdienen. Gegen eine solche Selbstaufopferung müssen dazu besonders veranlagte Menschen natürlich auch geschützt werden. Nein, Herr Apotheker, so wie es außer den Apothekern noch Menschen gibt, die guten Willens und bereit sind, ihrem Nächsten eine Wohltat zu erweisen, so gibt es umgekehrt auch Apotheker, die nichts weiter wollen, als Geld verdienen."

[63] Der Gesetzentwurf zur Neuregelung des Arzneimittelverkehrs ist inzwischen veröffentlicht worden. Siehe unsere Ausführungen unter III B c 1.

aus die Zulassungsbedingungen zu ihrem Beruf so erschwert, daß es heute, obwohl eine staatliche Regelung vollkommen fehlt, schon außerordentlich schwer ist, verbandsmäßig anerkannter Drogist zu werden, wenn man den vorgeschriebenen Bildungsgang nicht durchlaufen hat. Dies ist bemerkenswert, weil die Gewerbefreiheit es ja jedem freistellt, eine Drogerie zu eröffnen. Lediglich die Vergebung der sogenannten Giftkonzession ist an bestimmte Voraussetzungen gebunden; das ist für den Fachdrogisten natürlich von Vorteil in seinem Kampf um den Platz an der Sonne. Der ganze Stand ist straff zusammengefaßt im Deutschen Drogistenverband, der sich für alle Standesfragen einsetzt und es verstanden hat, in Gemeinschaft mit den zahlreichen örtlichen Untergliederungen ein sehr stark ausgeprägtes Standesbewußtsein zu pflegen. An allen größeren Plätzen Deutschlands befinden sich drogistische Einkaufsgenossenschaften, und über diesen wieder steht die De-Dro Zentralgenossenschaft deutscher Drogisten e. G. m. b. H.

Die Drogisten haben die Gefahren, die ihnen aus den Abwanderungstendenzen der Markenartikel drohen, frühzeitig erkannt. Daraus erklärt sich ihr Abwehrkampf gegen die angrenzenden Handelszweige, aber auch ihr Streben nach neuen Artikeln, die ihnen die Apotheke abgeben soll. Endlich aber wollen sie den Markenartikelproduzenten mit seinen eigenen Waffen schlagen, indem sie durch ihre Zentralgenossenschaft an die Schaffung eigener Markenartikel herangegangen sind, die, weil sie von und für Drogerien hergestellt werden, niemals abwandern können, also stets ein Reservat des Drogistenstandes bleiben. Wer einen solchen Markenartikel haben will, muß eben in eine Drogerie gehen, und zwar in eine Verbandsdrogerie (deren Inhaber Mitglied des deutschen Drogistenverbandes sein muß, der nur solche Drogisten aufnimmt, die die vom Verbande vorgeschriebene Ausbildung nachweisen können). Diese Bestrebungen haben besonders in den letzten drei Jahren eingesetzt. Über Erfolge oder Mißerfolge kann man noch nichts sagen. Hier soll auch bloß festgestellt werden, daß es dem Verteiler gelungen ist, in das Gebiet des Produzenten einzudringen [64]).

In ihrem Kampf gegen die Angrenzer, also Parfümerien, Friseure usw., verwenden die Drogisten die gleichen Argumente wie die Apotheker ihnen gegenüber. Eine Frage, die die Gemüter immer wieder erhitzt, ist die der sogenannten Schrankdrogisten. Es gibt nämlich eine Reihe von Fabriken, die einen fertig eingerichteten Drogenschrank,

---

[64]) Aus einem Aufsatz im Drogenhändler, Eberswalde 1931, Nr. 33, entnehmen wir, daß gegenwärtig das Kapital der „De-Dro Z. G." 95 000 RM beträgt, wovon 80 000 RM einbezahlt sind und daß ihr weiterhin von den angeschlossenen Genossenschaften 63 000 RM freiwilliges Darlehen gegeben wurden. Die 24 Einkaufsgenossenschaften hatten 3825 Mitglieder, die einen Gesamtumsatz von 19 209 781.65 RM tätigten. 444 Angestellte waren in den Genossenschaften tätig.

hauptsächlich auf das flache Land hinaus an Gastwirtschaften, Kramläden usw. verkaufen [65]). Gesetzlich ist das an und für sich zulässig. Die Drogisten bekämpfen dies aber in Wahrung ihrer eigenen Interessen, und wie es scheint, auch mit Erfolg. Eine Anzahl solcher Drogenschrankfabriken richtete im Jahre 1929 an das Preußische Ministerium für Volkswohlfahrt eben wegen dieses Kampfes eine ausführliche Eingabe. Es soll auf eine gesetzliche Regelung dieser Frage hingearbeitet werden; von seiten der Eingabeschreiber natürlich in dem Sinne, daß sie nach wie vor ihre Drogenschränke verkaufen dürfen. Der Kampf der Drogisten hat in außerdeutschen Ländern, z. B. Österreich, schon Erfolge gehabt, dahingehend, daß bestimmte Vorschriften in bezug auf die Ausbildung usw. demjenigen von Gesetzes wegen gemacht werden, der eine Drogerie eröffnen möchte.

Von allen Verteilern, die für den Vertrieb des chemisch-pharmazeutischen Markenartikels in Frage kommen, spielt die Drogerie die Hauptrolle. Sie ist ihrer ganzen Organisation und Einstellung nach am meisten dazu geeignet, Schrittmacher für ihn zu sein. Für die Markenartikel, die ihr durch Abwanderung verloren gehen, wachsen ihr auf der anderen Seite immer wieder neue zu. Die Artikel selbst befinden sich also in einer stetigen Bewegung von einer Branche zur anderen. Es ist das Schicksal der Drogerie, Markenartikel, denen sie zur Anerkennung mitverholfen hat, wieder zu verlieren.

γ) Die angrenzenden Branchen

Im Laufe unserer Untersuchung sind wir den Parfümerie-Spezialgeschäften schon mehrfach begegnet. Es gibt heute fast kaum noch ein Kosmetikum, das nicht in der Form des Markenartikels verkauft wird. Insofern läßt sich sagen, daß die Parfümerie diejenige Verteilerstelle ist, deren Verkauf nur auf den Markenartikel eingestellt ist. Man kann aber auch beobachten, wie sich das großstädtische Friseurgeschäft, hauptsächlich das mit Damenkundschaft, eine Parfümerie angliedert, die gleichberechtigt neben den ursprünglichen Hauptgeschäftszweig tritt.

Die Amateurphotographie hat in den letzten Jahren einen großen Umfang angenommen. Manche Drogerie stellte sich ganz auf das Photogeschäft ein, und in vielen Drogerien ist dieser Verkaufszweig

---

[65]) Auf diesem Gebiet werden ziemlich große Umsätze erzielt. Der Vorteil ist darin zu suchen, daß die Abnehmer dieser Drogenschränke gezwungen sind, ihre Nachbestellungen immer wieder dem Drogenschranklieferanten aufzugeben, so daß diesem aus dem Verkauf eines fertig eingerichteten Drogenschrankes eine laufende Rente erwächst. Der Schrank enthält keine einzige bekannte Marke. Alle Artikel tragen die Marke des Lieferanten. So ist uns z. B. eine „Stelladont-Zahnpaste" bekannt geworden. Der Schrank ist der Schrittmacher für die Einführung dieser Marke.

einer besonderen Abteilung übertragen. Es entstanden Photo-Spezialgeschäfte, die heute genau so wie die Parfümerie neben der Drogerie stehen. Es finden kaum noch Kämpfe gegeneinander statt, in vielen Angelegenheiten dagegen arbeitet man zusammen. Die Vorbeugungsmittel gegen Husten, Heiserkeit usw. haben sich schon lange in Geschäften aller Art festgesetzt. Man findet sie in Konfitürengeschäften, Konditoreien, Bäckereien, Kolonialwarengeschäften, Grünkramläden, in Kiosken und Ständen; der Hausierhandel hat sich ihrer bemächtigt, auf der Straße wie in der Eisenbahn — überall kann man sie finden.

Einlegesohlen, Schuhputzmittel aller Art, ja sogar Hühneraugenmittel kann man heute im Schuhgeschäft finden. Die erstgenannten Artikel sind fast schon selbstverständliche Bestandteile des Warenlagers, genau so wie Strümpfe. Daß Hühneraugenmittel auch bei Friseuren zu finden sind, wurde schon erwähnt, ebenso hygienische Artikel aller Art. Für diese wiederum sind die Sanitätsgeschäfte entstanden, die sich ausschließlich dafür einsetzen.

Die sogenannten technischen Pharmazeutika, also Putz- und Reinigungsmittel aller Art, Ungeziefervertilgungsmittel, Möbelpolituren, Waschmittel, Farben und Lacke, Tinkturen, Bronzen, finden sich beim Kolonialwarenhändler.

Je weiter man Umschau hält, um so mehr Branchen finden sich, die sich irgendeinen Drogistenartikel zulegen. Wie weit das geht, hat unser Beispiel von den Drogenschränken gezeigt, die auf dem flachen Lande sogar in Gastwirtschaften angetroffen werden.

Endlich muß auch noch der Reformgeschäfte Erwähnung getan werden, die aus der Reformbewegung auf dem Gebiete der Körperpflege, Kleidung und Ernährung erwachsen sind. Man könnte sie fast als eine Abart der Drogerie bezeichnen. Neu an ihnen ist, daß sie Kleidung und Gesundheitswäsche, Schuhe wie auch die ganze lebensreformerische Literatur mit vertreiben und durch diese (z. B. die Zeitschrift „Die weiße Fahne") für ihre Reformartikel werben. Infolge der inneren Verwandtschaft mit der Drogerie sind hier eine Menge solcher Markenartikel zu finden, die sich noch im Rahmen der besonderen Absichten des Reformgeschäftes verkaufen lassen, die aber genau so gut in der Drogerie zu haben sind. Der Drogist beobachtet die Entwicklung der Reformgeschäfte mit besonderer Aufmerksamkeit. Schon finden sich Drogerien mit Reformabteilungen.

Eine leise Verbindung ließe sich schließlich noch zur Weinbranche herstellen. Der Drogist verkauft Gesundheitsweine wie Markenspirituosen. Und wenn man dann noch Zigarrenläden heranzieht, hat man wohl die äußerste Grenze erreicht. Gerade in Vorstadtzigarrenläden kann man heute neben Zeitschriften und Papierwaren auch Hustenmittel finden.

Viele sind es also, die in den ursprünglichen Verkaufsbereich der Drogerie eingebrochen sind.

C. Der Markt für den chemisch-pharmazeutischen Markenartikel

So oft wir vom Markte sprechen, denken wir an den freien Markt, auf dem der Preisbildung durch gesetzliche Vorschriften kein Zwang angetan ist, auf dem also nur Einflüsse rein wirtschaftlicher Natur einerseits und psychologischer Art andererseits wirksam sind. Der Markt ist eine Institution des wirtschaftenden Menschen, die zwar nicht immer konkreter, sichtbarer Natur ist, deren Wirksamkeit aber immer deutlicher wird.

Rieger [66]) bezeichnet den Markt als eine „in der Wirtschaftsgemeinschaft überaus wichtige Größe: Indem er alle Beteiligten umfaßt und zu Worte kommen läßt, wird er zu einem Forum der Wirtschaft, zum Richter in wirtschaftlichen Dingen. Er ist erste und letzte Instanz. Sein Urteil entscheidet, eine übergeordnete Stelle, an die man appellieren könnte, besteht nicht. Darin liegt aber dies beschlossen: Weil der Marktpreis sein Dasein dem Votum aller verdankt, kann einzig und allein er der „gerechte" Preis sein. „Markt" nennen wir das Gebiet, in dem sich die Preise für bestimmte Waren zu einem Einheitspreis zusammenschließen oder mindestens gegenseitig beeinflussen und in Schach halten."

Der Markt ist die Stelle, wo der einzelne das Erzeugnis seiner Leistung umtauscht gegen ein neutrales Tauschmittel — Geld —, das er dann seinerseits, je nach Bedarf, in allen möglichen Gütern anlegen kann. Es findet also eine immerwährende Umwandlung von Ware in Geld und von Geld in Ware statt. Es ist nur die Frage, in welchem Verhältnis der Ware zum Geld und des Geldes zur Ware diese Umwandlung stattfindet. Die Bestimmung hierüber ist dem Willen des einzelnen Individuums weitgehend entzogen. Die Wertschätzung des Marktes drückt sich immer in Einheiten des Zahlungsmittels Geld aus: Ein Hut $=$ x Einheiten Geld, und die Arbeitskraft eines Schlossers in einer Woche entspricht ebenfalls x Einheiten Geld. Nun hängt zwar diese Preisbestimmung ab von Angebot und Nachfrage für die betreffenden Güter, aber deren Preise haben doch im Laufe der Zeit einen ganz bestimmten Platz im Preisgebäude bekommen. Sie bewegen sich einmal darüber, einmal darunter, aber doch immer im Verhältnis zu den bei-, über- und untergeordneten Nachbargütern. Der Preis ist der Ausdruck des Willens einer Vielheit von Individuen. Der Einzelne ist zwar an der Bildung dieses Willens beteiligt, aber er ist niemals ausschlaggebend.

Das einzelne Marktsubjekt strebt frühzeitig aus seiner Vereinzelung heraus, um in Gemeinschaft mit anderen, die die gleichen Bedürfnisse haben, die Zahl der Marktentscheidungen zu verringern und ihnen für

---

[66]) R i e g e r, Wilhelm, a. a. O., S. 10.

einen längeren Zeitraum Geltung zu verschaffen. Nun stehen sich auf dem Markte nicht mehr die einzelnen Menschen gegenüber, sondern Vereinigungen von Interessenten gleicher Art. „Marktballungen" hat sie Vershofen [67]) genannt. „Angebot und Nachfrage sind zu Kollektiverscheinungen geworden, in denen die Meinung aller am Markte Beteiligten enthalten ist. Und jetzt kann von einem Preis gesprochen werden [68])."

Gerade der Markenartikel ist, wenn auch tatsächlich das Erzeugnis eines Individuums, das Ergebnis eines kollektiven Willens, der sich im Markte manifestiert. Der Markt, das Instrument der individualistischen Wirtschaftsverfassung, wird so zur Vorbedingung für den Ausdruck des kollektiven Willens in einem bestimmten Wirtschaftsraume. Die Bedürfnisse der einzelnen Individuen gleichen sich allmählich an, die Produzentenverbände stellen sich darauf ein. Mit ein Ergebnis dieser Tendenzen ist der Markenartikel auf allen Gebieten des täglichen Lebens. Ihm wohnt von sich aus das Bestreben inne, die Marktfunktionen überhaupt auszuschalten, sich also von dem Urteil des Marktes vollkommen unabhängig zu machen. Noch mehr, er will kraft der besonderen Einführungsmittel, die ihm zur Verfügung stehen, sich dem Markt einfach aufzwingen. Man denke dabei z. B. an die Einführung der bekannten Kukirol-Marke. Auch die Palmolive-Gesellschaft hat ein Beispiel dafür gegeben. Zunächst mag es manchmal so scheinen, als habe sich der Markt überlisten lassen. Bald aber zeigt sich, daß er vollkommen autonom ist und jeden Markenartikel seinem Urteil unterwirft. Als das bekannte Verjüngungsmittel „Lukutate" auf dem Markte erschien und jeden Tag mit einer riesenhaften Reklame angeboten wurde, schien es so, als ob der Markt dies Erzeugnis widerspruchslos aufnehmen würde. Der Augenblick der Einführung schien psychologisch denkbar günstig gewählt. Außerdem erschien das Mittel in einem einwandfrei erscheinenden wissenschaftlichen Gewande. Lukutate war in aller Mund, und viele erhofften sich gläubig von dem Erzeugnis die versprochenen Wunderwirkungen. Das Urteil des Marktes war vernichtend. Trotz der Reklame, die das Wort Lukutate jedem deutschen Menschen mindestens einmal pro Tag entgegenschleuderte, lehnte er es rundweg ab. Wie ein Meteor war es erschienen, ebenso schnell war es wieder zum Untergang verdammt. Die Gelder, deren Anwendung den Bedarf wecken und erhalten sollten, waren nutzlos vertan. Allerdings sprach in diesem Fall zuletzt auch der Staat ein Machtwort. Ähnliche Beispiele ließen sich dutzendweise heranziehen. Wir haben sie gebracht, um einer Meinung entgegenzutreten, die besagt, daß es möglich sein müsse, durch allerhand Maßnahmen den Markt so zu beeinflußen, daß

---

[67]) Vershofen, Wilhelm, Die Marktverbände I, Nürnberg 1928. Vgl. besonders S. 1—35.

[68]) Rieger, Wilhelm, a. a. O., S. 10.

er einen ihm entsprechend angebotenen Artikel ohne Widerspruch annehmen müßte.

Aber, wird man sagen, es gibt so viele Artikel, die den Menschen wirklich zur Wohltat würden, wenn sie nur vom Markte angenommen werden wollten! Mit derartigen Erwägungen kann der freie Markt aber gar nichts anfangen. Seine Terminologie ist denkbar einfach und kommt mit den beiden Begriffen Gewinn und Verlust aus, wenn man sie nicht nur kaufmännisch begreifen will.

Wir wollen das, was wir hier meinen, an einem neuen Beispiel klarzumachen versuchen. Wir sprachen schon einmal von den bekannten Kukirolerzeugnissen. Es läßt sich gewiß nicht leugnen, daß durch deren Propagierung die Fußpflege erst in weiten Kreisen populär und bekannt geworden ist. Der Unternehmer, der Kukirol herstellte, hat sich also um die Volksgesundheit sicher sehr verdient gemacht. Der Markt hätte ihm dafür nach „Recht und Gerechtigkeit" einen entsprechenden Wechsel ausstellen sollen. Obwohl dieser „Dienst an der leidenden Menschheit" in der Reklame sehr geschickt verwendet wurde, lehnte der Markt das Erzeugnis im Laufe der Zeit in immer steigendem Maße ab. Alle Gegenmaßnahmen konnten daran nichts ändern. Wir können die Ursachen dieser Ablehnung nicht genau und in allen Teilen zutreffend aufzeigen, möchten aber doch auf einzelne mutmaßliche Gründe hinweisen. Dem Markt war es nicht um den „Dienst an der leidenden Menschheit" zu tun. Ihn interessierte nur die Frage, ob er den angebotenen Dienst nicht zu teuer bezahlen müßte, und er hat kühl und leidenschaftslos festgestellt, daß auf die Dauer eine Absatzmöglichkeit zu den angebotenen Bedingungen nicht bestand. Gewiß mag hier auch noch anderes maßgebend gewesen sein. Aber jenes dürfte wohl den Kernpunkt darstellen. Mit der Ablehnung hatte der Markt dem Unternehmer gleichzeitig klar bewiesen, daß es ihm gar nicht so sehr um die Wohlfahrt der leidenden Menschheit zu tun war. Als der Fabrikant mit anderen Bedingungen wieder erschien, erfuhr er die gleiche Ablehnung wie zuvor. Nun glauben wir, klar genug dargelegt zu haben, daß es ein hoffnungsloses Beginnen ist, dem Markt von irgendeiner Seite her einen Willen aufzwingen zu wollen.

Von hier aus empfangen wir gleichzeitig auch erkenntnisreiche Aufschlüsse über die immer wieder versuchten Bestrebungen, die zum ganzen oder teilweisen Monopol führen sollen. Der freie Markt lehnt sich mit Erfolg gegen derartige Bestrebungen auf. (Nicht in den Kreis der Betrachtung dürfen natürlich gezogen werden Monopole — z. B. das deutsche Branntweinmonopol —, die auf einen Eingriff des Staates zurückzuführen sind. Hier haben wir es nicht mehr mit der freien Wirtschaft zu tun, von der in unserer Betrachtung allein die Rede ist. Auch solche Monopole scheiden aus, die auf Grund der relativen Seltenheit des Monopolgutes zustande kommen: z. B. Helium-Gas. Hier muß naturgemäß die Rolle des Marktes eine einseitige, aufnehmende sein, solange das Verlangen der einen Marktpartei nach einem solchen Monopolgut vorhanden ist. Sinkt der Bedarf oder verschwindet er gänzlich, dann muß das schönste Monopol wertlos werden. Also kommt auch hier die Tätigkeit des Marktes zum Durchbruch, wenn auch weniger deutlich.) Den Monopolbestrebungen in der freien Wirtschaft wird in den meisten Fällen ziemlich bald ein Ziel gesteckt. Das Streben ist da, wohin wir uns im Wirtschaftsleben auch wenden mögen. Es ist nichts anderes als der Kampf um einen möglichst großen Anteil am Markt, es ist der Kampf um den Gewinn. Wir verweisen in diesem Zusammenhang auf Sombart, dessen Stellungnahme ähnlich ist [69]).

In der Zigarettenindustrie Deutschlands spielte sich 1929/30 solch ein erbitterter Kampf ab, und es schien, als brauchte der Reemtsma-Neuerburg-Konzern nur noch die Hand auszustrecken, und das Zigarettenmonopol fiele ihm als reife Frucht in den Schoß. Es setzte eine Massenflucht aus den Vertreterberufen der Zigarettenbranche in andere Berufe ein. Und doch, man könnte mit ziemlicher Sicherheit voraussagen, daß dieser Konzern gar nicht lange sorglos am Ziel verschnaufen dürfte — ganz abgesehen davon, daß das Monopol wahrscheinlich dauernd durch die Auslandskonkurrenz gestört und durchbrochen werden würde. Aber auch in Deutschland selbst würden jeden Tag an Stelle der zum Schweigen gebrachten alten Konkurrenzen neue auftreten und wahrscheinlich gerade wegen des Bestehens dieses Privatmonopols mit ihren Erzeugnissen auch entsprechende Verkaufserfolge erzielen.

Es hat eine Zeit gegeben, da sprach fast jeder Mensch von Ford, und sein Auto war dominierend in aller Welt. Die Gewinne der Fordunternehmungen wuchsen ins Ungemessene. Eines Tages — vielleicht als die Organisation der Fabrikation am meisten auf der Höhe war — sagte der Markt klar und entschieden Nein. Die vordem großen Gewinne verkehrten sich ins Gegenteil. Das Urteil des Marktes ist nach mancherlei Änderungen nach wie vor das gleiche: er will nichts mehr haben. Dabei kann man wirklich nicht sagen, daß es etwa an der notwendigen und geschickten Reklame gefehlt hätte, es sind eben andere Autos auf den Markt gekommen, die den Käufern mehr zusagten. Dabei war noch gar nicht ausgemacht, daß die neuen Marken hätten billiger sein müssen als die bisherige.

Wir haben schon festgestellt, daß der Markenartikel mit einem festen Preis ausgestattet ist, der als unabänderlich betrachtet werden soll. Auf dem Markt treffen aber alle nur denkbar möglichen Interessen zusammen, und trotz der schön gedachten Preisfestsetzung wird der Artikel doch auch unter oder über diesem Preise verkauft und gekauft. Es gibt fast keine Nummer der Apotheken- oder Drogistenfachpresse, in der nicht die Forderung nach einem einwandfrei funktionierenden Preisschutz zu lesen wäre.

Wir dürfen nunmehr wohl sagen, daß es unter den gemachten Einschränkungen ein Monopol nicht gibt oder geben kann, daß aber trotzdem jedem Markenartikel das Bestreben innewohnt, für sich selbst das Monopol zu erringen.

Wenn wir nun unser Blickfeld einengen und unser Augenmerk ausschließlich dem pharmazeutischen Markenartikel zuwenden, so werden wir immer wieder den gleichen Tendenzen begegnen. Der Markt für

---

[69]) S o m b a r t, Werner, Die drei Nationalökonomien, München und Leipzig 1930, S. 269.

den pharmazeutischen Markenartikel ist ziemlich eng begrenzt. Das pharmazeutische Gewerbe (wenn man von einem solchen überhaupt reden darf) fällt auch heute noch nicht in vollem Umfange unter die Gewerbefreiheit. Eine ganze Gruppe von pharmazeutischen Erzeugnissen ist nicht freiverkäuflich, darf also nur von den behördlich konzessionierten Stellen feilgehalten werden. Und endlich ist der pharmazeutische Markenartikel zum großen Teil Heilmittel, das eben nur vom kranken Menschen gebraucht wird und auch da wieder nur von dem, der gerade an der Krankheit leidet, für die der betreffende Markenartikel gut sein soll. Durch den alleinigen Vertrieb in behördlich konzessionierten Betrieben würde der Markenartikel wahrscheinlich nicht gedeihen können. Immer mehr legt daher der Produzent Wert darauf, freiverkäufliche Artikel herzustellen. Theoretisch steht ihm für diese der ganze Markt offen, und dann bestehen die Möglichkeiten für die Herstellung im Großen.

Aber trotzdem kann es nur zu einer teilweisen Verbreiterung der Absatzbasis kommen, weil neben den Apotheken eigentlich nur die Drogerien die freiverkäuflichen Artikel verkaufen. Sie fühlen sich ihrer Existenzgrundlagen beraubt, wenn über sie hinaus auch noch andere sich am Markte beteiligen können. Der Produzent soll gezwungen werden, seine Erzeugnisse nur an Drogerien und Apotheken abzusetzen. Aber auch da ergibt sich die Schwierigkeit, daß der Apotheker oft prinzipiell das nicht verkaufen mag, was der Drogist führt und umgekehrt. Gegen die weitere Ausbreitung auf angrenzende Berufsgruppen laufen beide Sturm, und es ist heute fast ein Risiko für den Produzenten, nicht darauf zu achten. Wir haben wenig Beispiele dafür, daß einige Firmen sich über diese gewiß nicht geringen Widerstände hinwegsetzen konnten; nämlich dann, wenn der Markt deren Artikeln sein Interesse so zugewandt hatte, daß es ein Drogist gar nicht mehr wagen konnte, etwa Odol nicht mehr zu führen, weil es auch beim Friseur feilgehalten wurde.

Endlich wollen wir hier noch andeuten, daß die große Masse der Konsumenten, das Gesicht und die Entscheidungen des Marktes auch ihrerseits beeinflußt. Der Drogist und auch der Apotheker führen eben immer noch Odol oder Chlorodont usw., weil es von ihnen in einem solchen Umfange verlangt wird, daß der Betreffende einfach Schaden leiden müßte, wenn er sich weigern würde, diese Markenartikel zu führen. Nicht nur den Gewinnentgang an diesen Artikeln selbst müßte er beklagen, sondern bald auch den Verlust des Kunden. Hier war allerdings das Gewinnstreben unbestrittener Sieger im Kampf mit den allgemeinen Berufsanschauungen und Forderungen nach dieser Seite hin.

Oder läßt sich etwa der Umstand anders denn als Gewinnstreben bezeichnen, daß der Drogist seinerseits sich wieder Artikel zulegt, die eigentlich von andern Händlergruppen nach dem von ihm gegebenen

Beispiel mit Beschlag belegt werden? Sollen wir ihm daraus einen Vorwurf machen? Die Frage ist müßig, denn wir haben kein Recht dazu. Für unsere Zwecke können wir aus diesen Darlegungen ein Ergebnis vorwegnehmen, das wir noch im einzelnen belegen werden:

Der Hersteller des pharmazeutischen Markenartikels hat notwendigerweise das Bestreben mit allen Marktkontrahenten zu verkehren. Den übrigen Markenartikeln aber, z. B. Persil, Sunlichtseife, Erdalschuhcreme usw. wohnt das Bestreben inne, sich auch den pharmazeutischen Spezialmarkt zu erobern. Auch das ist kein Raffinement etwa des Drogisten, sondern liegt ebenfalls im Wesen des Markenartikels begründet, wie noch im einzelnen zu beweisen sein wird.

III. Der Kampf um den Markt

A. Die Widerstände des Fachhandels gegen den Markenartikel und deren Bekämpfung durch die Hersteller

Der Händler führt den Markenartikel, weil er ihn haben muß, und betrachtet ihn als ein notwendiges Übel. Worauf ist diese Abneigung zurückzuführen? Wir führen folgende Argumente der Händlerschaft an [70]:

1. Der Fachhändler war der Berater und Vertrauensmann seiner Kundschaft. Man ging oft in den Laden mit einer recht unbestimmten Vorstellung von dem, was man kaufen wollte. Der Verkäufer brachte einen schon auf das Richtige. Das setzte eine umfassende Warenkenntnis für den Bereich der betreffenden Branche und das Wissen der Verwendungs- und Anwendungsmöglichkeiten dieser Waren voraus. Man kaufte nicht nur die Ware, sondern ließ sich gewissermaßen auch das entsprechende Rezept, die Verwendungsvorschrift dazu geben. Man kaufte teuere und billige Waren, gute und mindere Qualität, oft bestimmte der Verkäufer, was man kaufte. Der Markenartikel hat hier grundlegend Wandel geschaffen. Nun hat der Produzent die Beratung übernommen und bringt seine Erzeugnisse dem Konsumenten tagtäglich durch seine Werbemaßnahmen nahe. Der Händler hat also nur noch die verlangte Ware über den Ladentisch zu reichen. Im Konkurrenzkampf mit seinen Kollegen kann nicht mehr seine persönliche Tüchtigkeit in dem Maße wie früher den Ausschlag geben. Der Kaufakt ist abgekürzt und vereinfacht worden. Das Publikum kommt mit festen Kaufwünschen und Vorstellungen und wünscht meistens gar keine Beratung mehr. Der Käufer findet es sogar oft aufdringlich, wenn ihm etwas anderes angeboten wird, als er selbst gewünscht hat. Außerdem kann man die gleiche Ware immer zum gleichen Preis haben. Ob

---

[70] In diesen Ausführungen müssen wir uns zum Teil wiederholen. Wenn dabei manches überspitzt dargestellt wird, so sind wir uns dessen bewußt, glauben aber, um der größeren Klarheit willen dazu berechtigt zu sein.

der eine Verkäufer weniger Fachkenntnisse hat als der andere, spielt dabei eine untergeordnete Rolle. Der Händler fühlt sich zum „Handlanger" des Produzenten gemacht. Er muß sein Geschäft fremdem Zwang unterordnen.

2. Dem Händler ist die Mitwirkung bei der Preisgestaltung genommen. Ein einziger, fester Preis ist ihm vorgeschrieben. Es wird ihm eine genau bemessene Gewinnspanne zugebilligt, die er nur durch Rabattgewährung des Fabrikanten bei entsprechenden Umsätzen etwas vergrößern kann, wenn man einmal seine Unkostengestaltung außer acht läßt. Seine eigene Kalkulation und die dadurch etwa ermöglichte Geschäftspolitik sind bei diesen Artikeln ausgeschaltet. Der Tüchtige wie der Untüchtige werden gleich behandelt. Der Fabrikant nimmt bei der Festsetzung der Nutzenspanne keine Rücksicht auf die Struktur der einzelnen Geschäfte. Auch dort, wo der Artikel keinen Nutzen mehr läßt, muß er geführt werden. Wir haben schon darauf hingewiesen, wie die Forderung der Händlerschaft nach Mitwirkung bei der Preisfestsetzung immer lauter wird.

3. Der Händler kann nicht mehr nur die Waren kaufen und verkaufen, die er will. Er wird durch den Fabrikanten und Konsumenten (der von der Produzentenreklame dazu angereizt wird) veranlaßt, die von diesen gewünschten Artikel aufzunehmen. Er ist nur noch ausführendes Organ eines fremden Willens und also nicht mehr „Herr im eigenen Hause". Außerdem fühlt sich der Händler dadurch in seiner Existenz bedroht, daß ihn dieser Zwang tagtäglich neue Artikel aufzunehmen heißt, die in ähnlicher Weise schon in vielfachen Aufmachungen auf dem Markte sind. Je größer seine Sortierung wird, desto größer ist die Gefahr, daß ein unverhältnismäßig großer Teil seines Lagers zu Ladenhütern wird. Die Produktion von Markenartikeln, die unter dem Druck dauernder Mode- und Geschmacksveränderungen steht, ist so vielgestaltig, daß sein Verkaufsrisiko für ihn untragbar erscheint.

Diese 3 Argumente haben eine innere Verwandtschaft miteinander. Durch alle fühlt der Händler seine bisherige Stellung in der Wirtschaft und seine gewohnte Selbständigkeit bedroht. Dazu kommt die traditionelle Bindung eines großen Teiles der Händlerschaft an die Vorkriegszeit in rein psychologischer Hinsicht. Dabei brauchen gar keine wirtschaftlichen Erwägungen mitzuspielen. Es geht uns wohl allen so, daß wir jene Zeit als eine glückliche ansehen und sie immer wieder als Vergleichsmaßstab benützen, auch wo dies gar nicht möglich ist. Zwischen damals und heute liegt aber eine völlige Veränderung der geistigen Grundeinstellung, die man am deutlichsten bei den jungen Menschen sehen kann, die keine Verbindungen mehr, und seien es nur solche traditioneller Natur, zur Vorkriegszeit haben. Wir haben versucht, darauf zum Teil die Entwicklung des Markenartikels zurückzuführen. Nun dürfen wir aber für den vorliegenden Fall wohl annehmen, daß der größere Teil der Händlerschaft auch in der Vorkriegszeit schon berufstätig war. Die Erfahrungen aus jener Zeit lassen sich naturgemäß nicht ausstreichen. Durch sie wird es fast unmöglich, sich auf das einzustellen, was durch die veränderte geistige Grundhaltung sich auch auf dem Gebiet des Markenartikels neu gestaltete. Gewiß hat die Händlerschaft die Vorteile nicht übersehen, die ihr der Markenartikel gebracht hat. Aber ihrer Meinung nach überwiegen die Nachteile. Sie wehrt sich gegen die ihr dadurch aufgezwungene Rationalisierung. Unser Erklärungsversuch ist, wie wir gerne zugeben, hypothetisch, aber wir glauben doch, daß derartige, wenn auch unbewußte, psychologische Ursachen auf die Einstellung der Händlerschaft einwirken.

Wir können daraus folgern, daß die Ablehnung des Markenartikels in dem Maße abnehmen wird, in dem die traditionellen Bindungen an die Vorkriegszeit sich lösen. Wenn man jahrelang die Fachzeitschriften studiert, kann man tatsächlich finden, daß die Abneigungen gegen den Markenartikel immer weniger auf die oben gezeigten Gründe zurückgeführt wird. Dagegen tritt ein anderer Gesichtspunkt mit stärkerer Betonung in den Vordergrund:

4. Die Abwanderungstendenz des Markenartikels. Der Händler fühlt sich als sein Schrittmacher. Mit seiner Hilfe wird der Markenartikel eingeführt. Ist das so weit geschehen, daß sich auch der Händler einen Nutzen von seinem Vertrieb versprechen kann, dann nehmen sich angrenzende Branchen um den neuen Artikel an, und die erste Händlerschicht (im Sinne des Fachhandels) muß sich in den Absatz mit den neu hinzugekommenen Vertriebsstellen teilen oder ganz auf ihn verzichten. Der Fachhandel hat sich allmählich damit abgefunden, die typische Verkaufsstelle für Markenartikel zu sein. Er hat zuletzt auch neue Entwicklungsmöglichkeiten für sich darin gesehen. Nun stellt ihn die Abwanderung vor ein neues Problem. Er versucht es auf verschiedene Weise zu seinen Gunsten zu lösen. Nimmt er einen neuen Artikel auf, so verlangt er vorher vom Produzenten die Zusicherung, daß dieser Artikel nur ihm vorbehalten bleiben müsse. Trotz dieser Zusage zeigt sich aber bald, daß der Artikel auch in den angrenzenden Branchen Eingang gefunden hat. Das muß durchaus nicht immer auf Verschulden des Produzenten zurückzuführen sein. Groß- und Kleinhandel sind dabei genau so beteiligt. Also geht man einen Schritt weiter und fordert die Organisation einer Kontrolle, durch die der Gang der Ware bis zum Konsumenten verfolgt werden soll. Die Leowerke sollen dieser Forderung Rechnung getragen haben. Sonst aber hat man nicht viel gehört, daß sich die Fabrikanten bereit gefunden hätten, auf diese Vorschläge einzugehen.

Der Fachhandel griff daher zu einem Mittel, das er als radikale und sicherste Lösung ansah. Er schuf sich eigene Hausmarken und in Fortentwicklung dieses Gedankens eigene Händlermarken. Damit wollte er sich die Vorteile des Markenartikels sichern, die Nachteile fremder Marken aber ausschalten.

Wie bekämpft nun der Hersteller diese Widerstände, die sich einer erfolgreichen Einführung seiner Artikel entgegenstemmen können? Ein hervorragendes Hilfsmittel ist die Werbung. Diese ist bei den großen Firmen so ausgebaut, daß man dort von Werbefeldzügen spricht. Je größer der Kreis ist, der durch die Werbung erreicht wird und je intensiver sie durchgeführt wird, desto mehr Aussicht hat der Artikel, sich durchzusetzen. Der Händler soll auf dem Umweg über den Konsumenten durch die Reklame dazu gezwungen werden, den Artikel aufzunehmen. Wenn sich erst bei ihm die Wünsche seiner Kundschaft nach dem neuen Artikel mehren, wird er sich doch entschließen müssen, ihn aufzunehmen, um nicht Gefahr zu laufen, seine Kundschaft zu verlieren. Verpufft die Werbung wirkungslos, dann treffen den Unternehmer die Folgen seiner verfehlten Spekulation.

Als Beispiel nennen wir den Kampf des Kukirol-Werkes um den Absatz. Wir bringen gerade dieses Beispiel, weil Kukirol einer von den Markenartikeln ist, die dem Großteil der Bevölkerung bekannt geworden sind. Seine Reklamefigur Dr. Unblutig ist durch alle Witzblätter gegangen und erfreute sich einer seltenen Berühmtheit. Und doch war der Grad der Sättigung bald erreicht. Von irgendeinem Praktiker wurde einmal das Wort geprägt, daß jeder Markenartikel seine Blütezeit habe, und danach müsse ein Rückgang kommen. Wir setzen dazu, daß daran einmal die einem erfolgreichen Artikel nachdrängenden Konkurrenz- und Ersatzerzeugnisse schuld sind und zum anderen der Konsument, der aus oft unerklärlichen Gründen auf einmal seinen bevorzugten Liebling fallen läßt und sich anderen Erzeugnissen zuwendet.

Der Artikel wurde anfänglich von der Händlerschaft gerne aufgenommen. Der Produzent war schier unerschöpflich mit immer neuen Reklameideen. Er kam tatsächlich einem latenten Bedürfnis entgegen. Bald machte sich aber die erste Gegenströmung bemerkbar. Die Reklame der Kukirolfirma war für viele Händler anscheinend zu anreißerisch, zu grotesk. Sie paßte nicht zum Charakter ihres Geschäftes, und viele wollten nicht, daß der Gesamteindruck durch die Kukirolreklame bestimmt werde. Dazu kam dann der Versuch des Produzenten, sein Erzeugnis auch in angrenzende Branchen zu lancieren. Jetzt hob tatsächlich ein Boykott der Kukirolerzeugnisse durch den Fachhandel an. Die Kukirolfirma kam dazu in finanzielle Schwierigkeiten und — anscheinend wandte sich auch der Konsument ab. Das Kukirolwerk begann nach einiger Zeit einen neuen Werbefeldzug und wollte das Schicksal noch einmal zwingen. Allein es begegnete der geschlossenen Abwehr der Händlerschaft. Konkurrenzerzeugnisse hatten sich eingenistet.

In diesem Kampfe haben die Verteiler die Oberhand behalten mit Hilfe besonders günstiger Verhältnisse [71]).

---

[71]) Wir enthalten uns eines jeden Werturteils über die geschilderten Vorgänge. Auch können wir nicht beurteilen, wie sich diese zahlenmäßig aus-

Interessant ist die heftige Auseinandersetzung der Lingner-Werke mit den Drogisten. Die Ursachen dazu sind verschiedener Art: Erstens sind diese Markenartikel längst in den angrenzenden Branchen. Zweitens setzten die Lingnerwerke eine neue Preisregelung durch, die den Einzelhandel nach seiner Meinung stark benachteiligte. Endlich versuchten sie ein neues Trockenwaschpulver dadurch einzuführen, daß sie den Fachgeschäften unverlangt gegen Berechnung eine größere Anzahl von Packungen dieses neuen Artikels zusandten und die Abgabe ihrer alten Artikel an die Verpflichtung knüpften, auch Bestellungen für den neuen Artikel aufzugeben.

In der Verbandszeitschrift des deutschen Drogistenverbandes der Jahre 1928/29 nehmen die Kontroversen zwischen Drogisten und Lingnerwerken einen breiten Raum ein [72], und es scheint, als ob die Lingnerwerke dabei nicht immer gut weggekommen seien. Die Diskussion drehte sich in der Hauptsache um die Frage des Preisabbaues auf Kosten des Einzelhandels. Kommerzienrat Sichler, der Generaldirektor der Lingnerwerke, hatte in verschiedenen Tageszeitungen zur Frage der Preisgestaltung der Markenartikel Stellung genommen, die eine scharfe Erwiderung des Verbandsdirektors Dr. Thiessen vom deutschen Drogistenverband zur Folge hatte (die Sichlerschen Ausführungen waren von Reichsminister a. D. Dr. Gothein zu einem Artikel in der „Ostdeutscher Morgenpost", Beuthen, vom 4. Oktober 1928 benutzt worden, der nach Ansicht Dr. Thiessens „offenbar in handelsfeindlicher Tendenz verbreitet" wurde). Nebenher lief ein Schriftwechsel zwischen Drogistenverband und Lingnerwerken, begonnen von den Lingnerwerken mit der Frage, wie sich die Händlerschaft zu einer Preisermäßigung stelle, die in der Hauptsache von ihr selbst getragen werden müsse. Mit einer solchen wollte und konnte die Händlerschaft nicht einverstanden sein.

Etwa um die gleiche Zeit fand der „Pixavonball" in Berlin statt, bei dem eine „Pixavon-Schönheitskönigin" gewählt wurde, deren Bild dann auch in der Pixavonreklame verwendet wurde. Auch diese Veranstaltung hat viel Staub aufgewirbelt. Von seiten der Drogisten nahm niemand daran teil. Dazu kommen die schon weiter oben geschilderten Ereignisse. Der Kampf um die Einführung des neuen Kopfwaschpulvers nahm so scharfe Formen an, daß die Lingnerwerke zuletzt für alle die Drogisten den Bezug ihrer Erzeugnisse sperrten, die sich weigerten, ihre Bedingungen anzuerkennen. Allwöchentlich gingen den verbleibenden Kunden Listen mit den Namen der neu-

---

gewirkt haben. Unsere Darstellung beruht lediglich auf einer genauen Beobachtung der Vorgänge von unbeteiligter Warte aus.

[72] T h i e s s e n, Preisabbau auf Kosten des Einzelhandels. Der Drogenhändler, Eberswalde, 19. November 1928. Die Lingnerwerke äußern sich. Der Drogenhändler, Eberswalde, 6. Mai 1929.

gesperrten Bezieher zu mit der Verpflichtung, daß die dort aufgeführten Firmen auch nicht vom Empfänger dieser „schwarzen Listen" beliefert werden dürften.

Dann machte die Drogistenpresse darauf aufmerksam, daß die Lingnerwerke nun auch ein Lieferabkommen mit der Edeka-Zentrale für die Kolonialwarenbranche getroffen hätten und daß man also bald Odol usw. in jedem „Krämerladen" finden könne.

Anfang des Jahres 1932 erhielten die Lingnerwerke eine neue Leitung, die in einem Manifest („Botschaft des guten Willens") an den Fachhandel im Februar 1932, zu erkennen gab „mit dem Handel als dem unentbehrlichen Mittler zwischen Erzeuger und Verbraucher" eng zusammenarbeiten zu wollen. Damit fanden die Auseinandersetzungen ein Ende. Der Händler hatte seinen Standpunkt behaupten können.

Einen interessanten Weg beschritt die Sunlicht A.G., um die Einführung eines neuen Artikels zu erzwingen. [Auch Ernst Pollert [73]) weist in seiner mehrfach zitierten Arbeit darauf hin.] An die Hausfrauen wurden Gutscheine verteilt, die zum Bezug von je einem Paket „Lux" und „Suma" (dem neuen Artikel) gegen RM —.50 berechtigten. Damit war der Händler gezwungen, Suma vorrätig zu halten. Ja, er mußte es sogar „forcieren", weil die Gutscheine, die er an Sunlicht einsandte, wiederum nur gegen „Suma" eingelöst wurden. Der Widerstand gegen diese Einführungsmethode war entsprechend groß.

Ein anderer Weg wurde durch die Einführung des Zugabewesens beschritten. Die Palmolive-Gesellschaft gab eine kurze Zeitlang beim Kauf ihrer Rasiercreme eine Packung Talkum-Puder gratis dazu. Puder stellt eine Ergänzung des Rasierbedarfes dar. Durch die kostenlose Abgabe wird 1. die Nachfrage nach Pamolive-Creme gesteigert, 2. aber gewöhnt sich der Konsument an die Verwendung von Puder nach dem Rasieren. Wenn nun eines Tages die Gratiszugabe eingestellt wird, soll die Gewöhnung so sein, daß der Konsument den Puder dann eben kauft. Der Zugabeartikel wurde als selbständiger Markenartikel eingeführt — auch gegen den Willen des Handels. Der Handel schrieb zwar: „Ohne unsere Bereitwilligkeit gelingt es der Palmolive niemals, uns ihre Zugabeartikel aufzuzwingen [74]." Wir glauben aber doch hinzufügen zu müssen, daß diese Bereitwilligkeit sehr von der Konsumentenseite her beeinflußt wird. Solange nicht eine gesetzliche Regelung getroffen ist [75]), wird der Konsument über Ablehnung oder Annahme entscheiden. Gewiß kann sich ein ganzer Stand entscheiden (obwohl es hier immer viel Standesangehörige

---

[73]) Pollert, Ernst, a.a.O., S. 34.

[74]) Hartmann, August, Einzelhandel besinne dich! Der Drogenhändler, Eberswalde, 1. Mai 1930.

[75]) Die Verordnung vom März 1932 bedeutet noch keine endgültige Regelung.

geben wird, die nicht mitmachen wollen), derartige Artikel prinzipiell nicht zu führen. Wahrscheinlich werden sich sofort andere Zweige finden, die das Geschäft übernehmen. Sobald eine Ablehnung des Marktes vorliegt, löst sich das Problem von selbst [76]).

In vereinzelten Fällen, hauptsächlich in der Schuhbranche, ist der Produzent dazu übergegangen, den Handel ganz auszuschalten und seine Artikel in eigenen Verkaufsstellen an den Konsumenten heranzubringen. In der Schokoladenindustrie befolgte hauptsächlich Reichardt dieses Prinzip, in neuester Zeit auch die Most A.G.

Endlich gibt es wie bereits erwähnt Markenartikelunternehmungen, die ihre Artikel durch die Form des Versandgeschäftes vertreiben.

In der kosmetischen Branche vergibt der Produzent (z. B. Elisabeth Arden, Elise Bock usw.) den Alleinverkauf seiner Erzeugnisse an besonders von ihm ausgewählte Händler. Diese bekommen dann die Bezeichnung „autorisierte Verkaufsstelle der berühmten xx-Präparate". Dadurch wird dem Selbstgefühl des Kunden geschmeichelt. Er sieht sein Geschäft als erstklassig anerkannt. Er weiß den Vorteil zu schätzen, der darin liegt, daß er am Platze nicht die Konkurrenz seiner Kollegen in den gleichen Artikeln zu fürchten hat. Dazu kommt die besondere Werbe- und Verkaufsunterstützung, die ihm der Produzent zuteil werden läßt. Selbst auf die Gefahr hin, daß er sich zu einer oft hochbemessenen Jahresabnahme verpflichten muß, läßt der

---

[76]) Die Deutsche Schokoladenzeitung, Berlin, 1930, 12, befaßt sich in einem Artikel: „Immer tollere Zugabeblüten" mit dem Zugabewesen. Wir zitieren daraus: „Man hat Zugaben, die aus einer Süßwarenfabrik fast ein Warenhaus und die eigentliche Lieferung ganz nebensächlich machen. Man hat Gutscheine, gewährt Umsatzprämien, datiert Rechnungen, z. B. bei Ostersachen, um 4 Wochen vor, man gibt Einkaufsvereinigungen besondere Vergütungen unter irgendeiner Bezeichnung. Man hat ganz geheime Extravergütungen, also es sind Zustände, welche früher in einem reellen Geschäftsverkehr nicht denkbar waren, sehr viel unproduktive Abrechnungsarbeit machen und die wirkliche Preislage verschlechtern." — „Die Reisenden einer chemischen Fabrik, die ein Schuhputzmittel herstellt, sind heute wie Reisende für Gold- und Silberwaren ausgestattet. Wenn sie ihre Kundschaft, wie Drogisten, Schuhmacher usw. besuchen, so breiten sie vor deren Augen Ringe, Zigarettenetuis, silberne Bleistifte, Armbänder, Halsketten, Ohrringe, Armband- und Taschenuhren aus und sagen: „Seht her, das alles erhaltet ihr umsonst, wenn ihr unser vorzügliches Schuhputzmittel kauft." Irgendwo wird eine kleine Dose hervorgekramt, das ist dann die Ware, die verkauft werden soll. Eine Margarinefabrik macht es ähnlich, indem sie ihre Interessenten zu einer Besichtigung ihres reichhaltigen Lagers an Hausuhren einlädt. Eine bedeutende Fabrik, die Gummiabsätze herstellt, gibt einen 32 Seiten umfassenden Katalog ihrer „Prämiengegenstände" für die Zwischenhändler heraus, der diesen die verschiedenartigsten Sachen, von der einfachsten Nickeluhr an bis zur Familiennähmaschine und zum Klubsessel beim Bezug der Erzeugnisse der Fabrik in Aussicht stellt."

Händler doch nicht gerne eine solche Gelegenheit aus. Hier ist vor allem die Abwanderungsgefahr ausgeschaltet. Dafür kommt dies System nur einigen wenigen, meist nur den führenden Geschäften der Branche, zugute.

Nun treffen wir uns schon auf der Basis gemeinschaftlicher Zusammenarbeit zwischen Produktion und Händlerschaft. Trotz aller Gegensätze ist das Verbindende doch stärker als das Trennende.

B. Die Abwanderungstendenzen des chemisch-pharmazeutischen Markenartikels

a) Das Streben nach einer breiteren Absatzbasis

In dem Abschnitt über die Bedeutung des Markenartikels für die Wirtschaft konnten schon die psychologischen Grundlagen aufgezeigt werden, die diesen Verbreitungstendenzen entgegenkommen. Alle Branchen des Detailhandels, sofern auch nur die allergeringste Beziehung zum pharmazeutischen Markenartikel aufgefunden werden kann, haben nur das eine Bestreben, ihn auch bei sich verkaufen zu können. Es muß gesagt werden, daß dieses Bestreben immer wieder von Erfolg begleitet ist und daß die einzelnen Vertreter des chemisch-pharmazeutischen Markenartikels von einem Jahr zum anderen in einem immer weiteren Umkreis von ihrer ursprünglichen Basis zu finden sind. Man kann für diese Erscheinung verschiedenerlei Ursachen feststellen. In vielen Fällen legt sich ein sonst dieser Branche wesensfremder Betrieb einen chemisch-pharmazeutischen Markenartikel zu, weil er ihn als Kompensationsobjekt braucht. Niemand findet es heute mehr merkwürdig, daß in einem Schuhgeschäft zu den gekauften Schuhen gleich die dazu passenden Strümpfe (es braucht nicht immer ein Markenartikel zu sein) und die notwendige Schuhcreme angeboten werden. Und doch hat es deswegen zwischen den Beteiligten einmal heftige Kämpfe gegeben. Noch mehr im Mittelpunkt des Interesses stehen die Bemühungen der Schuhgeschäfte, sich für die Fußpflege einzusetzen. Es ist nichts besonderes mehr, daß man im Schuhgeschäft wie in der Drogerie Einlegesohlen kaufen kann. Es ist auch etwas ganz Verständliches, daß man heute in jedem Friseurgeschäft Kosmetika haben kann. Sie sind für den Friseur die besten Kompensationsobjekte.

Eine Ursache der Abwanderungstendenzen darf darin gesucht werden, daß eine Gruppe zusammengehöriger Markenartikel, z. B. Kosmetika oder Photoartikel oder hygienische Artikel, allmählich einen solchen Umfang annimmt, daß das bisherige Fachgeschäft, eben die Drogerie, sich je nach den besonderen Verhältnissen nicht mehr so auf sie einrichten kann, wie es notwendig wäre. Die Drogerie muß daher diese Artikelgruppe einem neuentstehenden Spezialgeschäft überlassen. Wenn man weiß, daß eine Drogerie mit Tausenden von sogenannten Handverkaufsartikeln arbeiten muß, wenn sie auf der Höhe bleiben will, dann wird man dies begreifen können. Die Arbeitsteilung, die ein Wesensmerkmal der modernen Wirtschaft ist, setzt sich auch hier gegen alle Widerstände durch.

Es ist eine weitverbreitete Meinung, daß gerade der Markenartikel ganz besonders große Gewinnchancen böte, ganz besonders der chemisch-pharmazeutische. Ist doch das Wort von dem „teueren Apotheker" im Volke seit langem zu einem geflügelten geworden. Da die Gewerbefreiheit es jedem freistellt, zu verkaufen, was er will, möchte sich niemand die vermeintlichen Gewinnmöglichkeiten entgehen lassen, und jeder strebt danach, diese Markenartikel in sein Verkaufsprogramm einzugliedern, wenn es sich nur irgendwie mit dem Charakter des betreffenden Geschäftes vereinbaren läßt. Endlich fürchtet man sich davor, seinem Kunden sagen zu müssen, man führe eine von ihm verlangte Ware überhaupt nicht.

So verbreitet sich tatsächlich die Absatzbasis des Markenartikels zusehends. Die Produzenten müssen aber auch immer wieder versuchen eine möglichst große Basis für den Absatz ihrer Erzeugnisse zu gewinnen. Die Apotheken und Drogerien genügen ihnen dazu nicht. Also müssen sie danach streben, Erzeugnisse auf den Markt zu bringen, die überall verkauft werden können, denen aber deswegen vom Konsumenten das gleiche Vertrauen entgegengebracht wird, als wenn sie nur im Fachgeschäft zu haben wären.

Um ein Beispiel anzuführen: Medikamente in Pillenform wird man wohl nur in Apotheken finden; die Fabrikation ist daher mehr und mehr dazu übergegangen, für ihre Vorbeugungsmittel die Form von Bonbons zu wählen. Diese dürfen überall feilgehalten werden. Die Eukalyptus-Mentholbonbons als Vorbeugungsmittel gegen Husten und Heiserkeit sind sehr bekannt. Hier sehen wir deutlich die Möglichkeit gegeben, daß diese Bonbons auch noch von den Drogerien abwandern, z. B. in Konfituren-, Konditorei- und Kolonialwarenläden. Nun kann in vielen Fällen der betreffende Produzent die Ansicht vertreten, die man tatsächlich sehr häufig findet, daß sein Markenartikel unbedingt dem Fachhandel, also der Apotheke und der Drogerie, vorbehalten bleiben müsse, weil nur so sein Erzeugnis beim Publikum die notwendige Wertschätzung behalte und weil der Berufsstand, dem quasi das Alleinverkaufsrecht dafür übertragen wurde, dafür soviel Interesse zeige, daß man gut auf eine Reihe weiterer Verkaufsstellen in anderen Branchen verzichten könne. Obwohl in einem solchen Falle Hersteller und Verteiler geradezu peinlich darauf achten, daß diese Regel nicht durchbrochen wird, findet man doch immer wieder derartige Artikel auch in anderen Branchen, und wenn man genau zusieht, kommt es einem eigentlich wie ein Kampf gegen Windmühlenflügel vor, wenn sich einige dagegen zu stemmen versuchen. Da der Markenartikel im Kleinverkauf nivellierend wirkte und es ermöglichte, daß man durch ihn ohne allzu große Warenkenntnis rein manuell Waren verkaufen kann, und weil andererseits das Publikum für Markenartikel jeder Art aufnahmebereit ist, wohnten den aufgezeigten Abwanderungstendenzen solch starke Eigenkräfte inne, daß man eigentlich keinem der Beteiligten ernstlich Vorwürfe machen konnte — wie das tagtäglich in der Praxis geschieht und wahrscheinlich auch geschehen muß — wenn der Absatz des Markenartikels nicht auf den Kreis beschränkt blieb, für den er gedacht war.

Damit kommen wir zu folgendem Ergebnis: Der Markenartikel hat von Haus aus in besonderem Maße das Bestreben nach einer möglichst breiten Absatzbasis. Dieses setzt sich durch trotz der dagegen getroffenen Abwehrmaßnahmen. Hat der Markenartikel die für ihn denkbar größte Absatzbasis erreicht, dann bedeutet das in der Regel für ihn nur einen kurzen Durchgang (von wenigen Ausnahmen bei ganz großen Markenartikeln abgesehen), und der Abstieg beginnt. Der Fachhandel, der ihn einstens durch seine Mithilfe mit auf den Schild hob, wendet sich von ihm ab, eben weil er jetzt überall zu haben ist, und damit entfällt die tatkräftigste Verkaufshilfe. Der Artikel setzt seinen Vormarsch nach immer neuen Absatzmöglichkeiten fort, und im gleichen Maße brechen hinter ihm die Brücken wieder ab. Man sagt, der Artikel ist ausgepeitscht. Dabei muß allerdings beachtet werden, daß sich die hier schematisch aufgezeigte Entwicklung in der Praxis nicht so schnell und deutlich wahrnehmbar, sondern manchmal auch über sehr lange Zeiträume hinweg abspielt.

b) Das Streben des Markenartikels im allgemeinen nach Nutzbarmachung der pharmazeutischen Verteilerorganisation

Genau so, wie der chemisch-pharmazeutische Markenartikel über die Grenzen des pharmazeutischen Fachhandels hinausstrebt, genau so strebt der Markenartikel einer benachbarten Branche, z. B. des Kolonialwarenhandels, dem Drogenfachhandel zu. Schuhcreme oder Persil, Bleichsoda, Hofmanns Reisstärke usw., das sind alles Artikel, die man gefühlsmäßig beim Kolonialwarenhändler sucht, kann man heute in jeder Drogerie finden, sofern es sich nicht um eine ausgesprochene Medizinaldrogerie handelt. Auf dem Lande kann man sie unter Umständen sogar in der Apotheke kaufen. Man könnte für diese Erscheinung leicht noch eine Reihe von Beispielen auch aus anderen Branchen beibringen. Sie würden das Bild lediglich bereichern, aber nicht verändern. Wir verstehen dies so, daß natürlich auch den Markenartikel außerhalb der chemisch-pharmazeutischen Branche das Bestreben nach der breitesten Absatzbasis erfüllt und daß er deshalb versuchen muß, auch den Fachhandel für sich zu gewinnen. Dazu kommt aber, daß anscheinend aus rein psychologischen Gründen — wir erinnern an die besondere Vertrauensstellung des Apothekers und Drogisten — derjenige Markenartikel ein besonderes Ansehen genießt, um dessen Verkauf sich dieser Berufsstand bemüht.

Wir haben schon dargelegt, wie einzelne Zuckerwarenfabriken verschiedene Bonbonsspezialitäten zu Markenartikeln zu machen versuchten und den Erfolg dadurch zu erringen hofften, daß sie sich wegen ihrer Einführung an die Fachgeschäfte wandten. Der neue Artikel ging also den Weg von den Zuckerwarenfabriken zu den Drogerien und Apotheken, wurde dort tatsächlich zu einem großen Handverkaufsartikel, wurde sogar markenartikelähnlich, mancher entwickelte sich auch gänzlich zum Markenartikel. Trotz der Dankesschuld, die im moralischen Sinne die Produzenten bei den Fachgeschäften hatten, verfiel der neue Markenartikel wie jeder andere auch den allgemeinen Abwanderungstendenzen. Er tauchte in neuer, „vornehmerer" Form wieder dort auf, von wo er ausgegangen war, obwohl weder der Produzent selbst, noch auch das Fachgeschäft ein Interesse daran haben konnten.

Wir beschränken uns hier lediglich darauf, an die oben angeführten Darlegungen zu erinnern. Allerdings handelt es sich hier nur um ein einziges Beispiel, andere haben wir schon früher gebracht. Das Fachgeschäft hat den Verkauf des Markenartikels zuerst aufgenommen und hat sich auf dessen Erfordernisse so eingestellt, daß man es heute d a s Markenartikelgeschäft nennen könnte. Der Kunde des Fachgeschäftes sucht dort — von Ausnahmen abgesehen — eigentlich gar nichts anderes als Markenartikel. In diesem Sinne stellt das Fachgeschäft die modernste Art des Verkaufsgeschäftes dar.

In den angrenzenden Branchen aber — je weiter sie sich vom Charakter der Drogerie entfernen, desto mehr — herrscht der Markenartikel immer weniger vor. Da er auch eine gewisse Aufmachung verlangt, kommt er neben Zuckerhut und Salzhering, neben der Orange und dem frischen Gemüse, neben Kerzen, Bonbons, Gewürzen usw. nicht mehr richtig zur Geltung. Ganz ohne Zutun vollzieht sich hier eine Scheidung zwischen den einzelnen Handelszweigen, einerseits durch das Streben des Markenartikels zum Fachgeschäft und andererseits durch die Umwandlung vieler Waren in Markenartikel.

Wenn aus dem Laboratorium der Apotheke und aus der chemisch-pharmazeutischen Industrie der Markenartikel entwachsen ist, dann kann man jetzt hinzufügen, daß auch der chemisch-pharmazeutische Fachhandel eine wichtige Voraussetzung für den Markenartikel ist.

Nun sind sich die Fachgeschäfte ihrer Vorzugsstellung auf dem Gebiete des Markenartikels natürlich genau bewußt und trachten danach, sich diese Vorzugsstellung auch zu erhalten. Die Abwanderungstendenzen sind dabei das schwerwiegendste Problem für diese Bemühungen.

c) Die Bemühungen der Verteiler gegen das Abwandern

1. Gegen die Abwanderung aus den Apotheken

Wir haben schon darauf hingewiesen, daß die Apotheke früher das alleinige Vorrecht genoß, Heil- und Vorbeugungsmittel abzugeben. Eine Abgrenzung der Zuständigkeit ergab sich durch die schon mehrfach zitierte Kaiserliche Verordnung vom 22. Oktober 1901, die den Verkehr mit Arzneimitteln regelt.

Die Verordnung bestimmt nicht, welche Waren der Freiverkäuflichkeit unterliegen, sondern nur die, welche dem freien Verkehr entzogen sind. Der Begriff „Heilmittel" wird durch den § 1 der Verordnung definiert als „Mittel zur Beseitigung oder Linderung von Krankheiten bei Menschen und Tieren". Mittel, die der Verhütung von Krankheiten dienten, waren damit dem Apothekermonopol entzogen. Diese „Vorbeugungsmittel" wurden Objekte der Abwanderung in die Drogerie. Das Bemühen der Apotheker mußte also dahin gehen, möglichst viele dieser Vorbeugungsmittel unter den Begriff „Heilmittel" zu bringen, um damit deren Abwanderung zu verhindern.

In besonderen Verzeichnissen werden nun alle die Artikel angeführt, die „außerhalb der Apotheken nicht feilgehalten oder verkauft werden dürfen". Ein besonderes staatliches Revisionswesen soll dafür sorgen, daß diese Bestimmungen nicht übertreten und daß Verstöße dagegen entsprechend geahndet werden. Seit Erlaß dieser Verordnung und ihrer verschiedentlichen Ergänzungen haben sich die wirtschaftlichen Verhältnisse von Grund auf geändert. Vor allem hat die Entwicklung des Markenartikels viele Bestimmungen veralten lassen. Die Unsicherheit in der Entscheidung über die Freiverkäuflichkeit oder Nichtfreiverkäuflichkeit einer Ware, dazu die Dehnbarkeit der einschlägigen Bestimmungen selbst haben zu einer großen Unsicherheit geführt, die nach einer Neuregelung des gesamten Arzneimittelverkehrs drängte.

Das Revisionswesen hat recht unerfreuliche Begleiterscheinungen mit sich gebracht. Im Jahresbericht des Deutschen Drogistenverbandes für 1929 lesen wir: „Die Schwierigkeiten im Revisionswesen, die insbesondere dadurch auf die Dauer unerträglich werden, daß auf Betreiben der Apotheker immer wieder Beanstandungen von Artikeln erfolgen, über die zahlreiche, gutbegründete Freisprechungen vorliegen, drängen allmählich zu einer grundlegenden Änderung des Revisionswesens überhaupt. Es geht auf die Dauer nicht mehr an, daß die Kontrolle des freien Arzneimittelverkehrs zu einem wesentlichen und vielfach ausschlaggebenden Teil von Apothekenbesitzern oder angestellten Apothekern ausgeübt wird, die in ihren Anschauungen vielfach nicht von Befangenheit frei sind." Wie sehr auch die Rechtsprechung unter dieser Unsicherheit leidet, zeigt das folgende Beispiel, das ebenfalls der angegebenen Quelle entnommen ist: „Das Oberlandesgericht München hat 1929 entschieden, daß gesüßter Wacholderextrakt dem freien Verkehr entzogen sei, während fast gleichzeitig das Kammergericht auch den gesüßten Wacholderextrakt als freiverkäuflich erklärt hat. Andere Prozesse wurden geführt auf Grund von Beanstandungen bei solchen Revisionen über die Freiverkäuflichkeit von Destillaten, Aufbausalzen, Mineralpastillen mit Menthol, Desinfektionsmitteln, kosmetischen Heilmitteln, Borsalbe, Zinksalbe, Eisentinktur, Nährmitteln, Bonbons usw. Besonders auffällig ist, daß auch Bonbons genannt sind. Es handelte sich um Wurmbonbons, die als Pastillen (die nicht freiverkäuflich sind) angesprochen wurden, obwohl ihre Herstellungsweise eine ganz andere ist. Aber gerade dies Beispiel zeigt, wie weitgehende Folgen derartige Beanstandungen haben. Meistens handelte es sich um Markenartikel; nicht nur der angeklagte Drogist war am Ausgang interessiert, sondern noch viel mehr der Fabrikant, dem durch ein ungünstiges Urteil unter Umständen sein ganzes Absatzgebiet verlorengehen konnte."

Weiter ist zu sagen, daß seit vielen Jahren verschiedentlich auch in Drogerien Arzneimittel, die dem freien Verkehr entzogen sind, auf Verlangen abgegeben wurden, z. B. Aspirintabletten u. ä., die Markenartikel sind. An manchen Orten hatte sich sogar ein gegenseitiges Duldungsverhältnis herausgebildet. Man befand sich zwar immer auf dem Quivive, aber man bekämpfte sich nicht. Durch den pharmazeutischen Großhandel, der nicht unter die Kaiserliche Verordnung fällt, konnten diese Artikel stets bezogen werden. Es ist deshalb nicht verwunderlich, wenn der Apotheker versuchte, dem Großhandel diese Verkaufsmöglichkeit zu unterbinden.

Von beiden Seiten wurde der Gesetzgeber nach einer grundsätzlichen Neuregelung gedrängt, und nach langen Vorarbeiten wurde den Beteiligten — Drogisten und Apothekern — Ende 1930 der „Entwurf eines Gesetzes über den Verkehr mit Arzneimitteln und Giften (Arzneimittelgesetz)" zugeleitet. Aus der Apothekerfachpresse liest man Befriedigung, weil der Entwurf ihren Wünschen entgegenkommt, aus der Drogistenfachpresse Enttäuschung, weil sie auch nicht eine ihrer Forderungen erfüllt sieht, sondern den Entwurf sogar noch als einen Rückschritt gegenüber der bisherigen Regelung bezeichnet. Der Begriff „Heilmittel", auf den es ankommt, ist in der neuen Fassung tatsächlich weiter als bisher, bedeutet also eine Einengung des drogistischen Tätigkeitsgebietes, weil er auch eine Menge von bisherigen Vorbeugungsmitteln miteinbezieht, und hat eine entsprechende Erweiterung des Apothekenmonopols zur Folge.

Nach § 1 des Entwurfes sind Heilmittel:

„1. Stoffe und ihre Zubereitungen, die dazu bestimmt sind, durch äußere oder innere Anwendung am menschlichen oder tierischen Körper Krankheiten, Leiden oder Körperschäden zu verhüten, zu lindern oder zu beseitigen. Einem Mittel geht die Zugehörigkeit zu den Arzneimitteln nicht verloren, wenn es im Einzelhandel nicht als Arzneimittel verwendet werden soll.

2. Mittel, die überragend Lebensmittel im Sinne des Lebensmittelgesetzes oder überragend Futtermittel im Sinne des Futtermittelgesetzes sind, gelten nicht als Arzneimittel [77])."

Der drogistische Kritiker des Entwurfs, Verbandsdirektor Dr. Thiessen [78]), meint, daß damit z. B. Wanzenmittel, Sommersprossenmittel, Freßpulver, Mittel gegen Kahlköpfigkeit, gegen Schweißfuß, Verstopfung usw. der Apotheke zufallen werden.

Artikel 3 bestimmt weiter, daß z. B. auch kosmetische Mittel, Verbandstoffe, Heilapparate, Thermometer usw. dem neuen Gesetz unterstellt werden können, ohne sie aber ausdrücklich aufzuführen.

Endlich ist durch Artikel 7 auch die Großhandelsfrage geregelt:

„1. Die Reichsregierung kann mit Zustimmung des Reichsrates verbieten, daß bestimmte Arzneimittel, Arzneiformen oder Arzneien im Verkehr mit Verbrauchern außerhalb der Apotheke angeboten, zum Verkauf vorrätig gehalten, feilgehalten, verkauft, abgegeben oder sonst in den Verkehr gebracht werden.

2. Die Reichsregierung kann mit Zustimmung des Reichsrates den Handel mit den in Absatz 1 aufgeführten Dingen im Verkehr mit Wiederverkäufern beschränken."

Und schließlich besagt Artikel 10:

„Neben der Untersagung der Abgabe von Arzneimitteln oder Arzneien, oder der Zurücknahme der Erlaubnis zur Herstellung von Arzneimitteln oder Arzneien oder zum Handel mit Giften und zu ihrer Abgabe, kann die zuständige Behörde die Schließung von Betriebsräumen anordnen, wenn begründeter Verdacht besteht, daß in den Betriebsräumen weiterhin eine untersagte oder nicht erlaubte Herstellung von Arzneimitteln oder Arzneien, **oder eine nicht erlaubte Abgabe von Arzneimitteln oder Arzneien oder Giften erfolgt**."

---

[77]) Absatz 2 wurde im amtlichen Entwurf III gestrichen. Der Drogenhändler, Eberswalde, 25. Februar 1932, S. 391.

[78]) **Thiessen**, Der Entwurf eines Gesetzes über den Verkehr mit Arzneimitteln und Giften (Arzneimittelgesetz). Der Drogenhändler, Eberswalde, 22. Dezember 1930.

Auf die übrigen Bestimmungen des Gesetzentwurfes brauchen wir hier nicht einzugehen, da es uns lediglich auf die wirtschaftlichen Wirkungen ankommt. Der Gesetzentwurf darf wohl angesehen werden als ein Ergebnis der Interessentenkämpfe, die sich durch Bearbeitung des Gesetzgebers, durch gelegentlich veröffentlichte Interpellationen, Eingaben an die Regierung, durch Vorstöße der Reichstagsabgeordneten der beiden Gruppen, durch Verhandlungen zwischen den Fraktionen und in den Ausschüssen äußerten. Nicht zuletzt versuchten beide Gruppen — Apotheker und Drogisten — ihrer Anschauung, die sie im neuen Gesetz verankert wissen wollten, einen entsprechenden Nachdruck zu geben durch Lieferung von Beweismaterial aus dem täglichen Leben. Eine große Rolle spielte der Markenartikel auf seiten der Drogisten. Durch ihn versuchten sie zu beweisen, daß für derartige Arzneiwaren und vor allem für derartige Vorbeugungsmittel das Apothekenmonopol ungerechtfertigt sei. Auch der Apotheker könne sie nur fertig verpackt in der gleichen Aufmachung verkaufen wie der Drogist, ohne daß ihm vorher eine Untersuchungsmöglichkeit gegeben werde. Die Tätigkeit des Apothekers werde schon im Laboratorium ausgeübt, und die Offizin müsse sich lediglich mit dem Verkauf begnügen. Gerade dagegen aber liefen die Apotheker Sturm.

Der tiefere Sinn des Ganzen ist nach unserer Meinung eben darin zu suchen, daß die Apotheke die Artikel, die sie früher hatte, sich auch erhalten will, selbst wenn sie zu Markenartikeln geworden sind und damit der Abwanderungstendenz unterliegen. Die Drogerie will ihre Verdienstmöglichkeiten nicht schmälern lassen. Es wandern immer wieder Artikel, die ihr eigentümlich waren, in angrenzende Branchen ab; sie sucht deshalb den Verlust wettzumachen, indem sie die Artikel aufnimmt, die aus der Apotheke abwandern können.

Wie der zitierte Gesetzentwurf zeigt, sind in diesem Kampfe vorläufig die Apotheker Sieger geblieben. Allerdings hat sofort nach Bekanntwerden des Gesetzentwurfs ein sehr scharfer Abwehrkampf eingesetzt, der von den Drogisten ausging, dem sich aber sehr schnell Produzentenverbände wie auch die Verbände angrenzender Branchen anschlossen. Immer mehr Branchen fühlen sich durch den Entwurf bedroht.

Bis der Entwurf Gesetz wird, ist wohl noch mit manchen Änderungen zu rechnen. Der Kampf der Marktparteien wird durch ihn erst richtig entfesselt.

2. Gegen die Abwanderung aus den Fachgeschäften

Wenn man die Drogistenfachpresse liest, fällt es einem bald auf, einen welch großen Raum die Erörterungen über die Abwanderung der Markenartikel einnehmen. Freilich wird durch diese unangenehme Wandereigenschaft des Markenartikels immer wieder empfindlich an den Lebensnerv des Fachgeschäftes gerührt. Gerade weil jeder Markenartikel auch in anderen Geschäftszweigen Eingang findet, so daß man die Absatzmöglichkeiten mit unerwünscht vielen Konkurrenzen teilen muß, haben sich die Inhaber der Fachgeschäfte niemals beruhigt hinter ihre Theke zurückziehen können, um dort die Kunden, die „ja doch kommen müssen", zu erwarten. Sie lieben den Markenartikel nicht und würden ihn am liebsten eben wegen dieser unangenehmen Eigenschaft gar nicht sehen, aber sie brauchen ihn notwendig, weil er den Großteil ihres Geschäftes ausmacht und weil sich der Charakter ihres Unternehmens gänzlich darauf eingestellt hat. Wenn man ihn aber schon haben muß, dann versucht man, ihm das Abwandern so schwer wie möglich zu machen. Wird aber offenbar, daß irgend ein Produzent an dem Abwandern seines Artikels nicht ganz unschuldig ist, dann wird er unerbittlich boykottiert. Die Organisation der Fachgeschäfte ist so, daß es vorläufig nur die ganz großen Markenartikelfirmen, die wirklich Weltmarken haben, wagen können, eine derartige Boykottbewegung in den Wind zu schlagen.

In erster Linie ist auf die Selbsthilfemaßnahmen hinzuweisen. Anfang 1931 z. B. entschloß sich die Wybert-Gesellschaft, ihr Präparat, das sie bisher ausschließlich den Drogerien und Apotheken vorbehalten hatte, nunmehr auch dem Vertrieb durch Kolonialwarengeschäfte usw. zu überlassen. Die Folge? Sofort wurde in der ganzen Fachpresse der Boykott gefordert, und man hat beobachten können, wie die Wybert-Tabletten unter dem Ladentisch verschwanden, d. h. sie wurden nur noch auf ausdrückliches Verlangen der Kunden abgegeben, aber nicht mehr angeboten. Apotheker und Drogist sind verärgert. Ihre Standesehre verbietet es ihnen, sich mit dem „Krämer" und „Grünkramhändler" in eine Reihe stellen zu lassen. Dann verkaufen sie lieber Wybert-Tabletten überhaupt nicht mehr. Der Produzent gewinnt zwar durch diese Maßnahme ein neues und weites Absatzgebiet, aber durch die damit heraufbeschworene Gegenmaßnahme geht ihm in verhältnismäßig kurzer Zeit ein ebenso wichtiges verloren. Gerade hier wurde für sein Erzeugnis die von ihm inaugurierte Reklame gemacht, die gewiß viel zu seinen Erfolgen beigetragen hat. Die Struktur des Kolonialwarengeschäftes ist eine ganz andere. Es kennt das Spezialschaufenster, das Hauptwerbemittel des Markenartikels, nicht in dem Maße, wie das auf ihn eingestellte Fachgeschäft. (Inzwischen wurde diese Maßnahme wieder rückgängig gemacht.)

Von den vielen Artikeln der Fachpresse, die sich mit diesem Problem befassen, sei auf einen von Janiszewski[79]) hingewiesen. Er sagt dort u. a.: „Ist man sich darüber klar, daß die Weiterentwicklung des

---

[79]) J a n i s z e w s k i, Vom Gemeinschaftskauf zum Gemeinschaftsverkauf, Referat auf der Delegiertenversammlung in Frankfurt a. M. Der Drogenhändler, Eberswalde, 18. Juli 1929.

Markenartikelwesens unausbleiblich ist, daß aber die Markenartikel auf die Dauer den Drogistenstand immer weiter schwächen und in Abhängigkeit von der Industrie bringen müssen, so kann die Folgerung nur lauten: Schaffung eigener drogistischer Markenartikel." Diese Markenartikel sind stets fest in der Hand der Drogisten, ihr Absatz kann genau beobachtet werden, eine Abwanderung in angrenzende Branchen liegt kaum im Bereich des Möglichen. Im gleichen Maße, in dem diese eigenen Markenartikel an Boden gewinnen, muß die Bedeutung der Markenartikel der Industrie für das Fachgeschäft abnehmen. Tatsächlich ist der Drogistenstand mit beachtlicher Energie an die Schaffung eigener Marken herangegangen. Seit einigen Jahren bringt die Zentralgenossenschaft „De-Dro ZG." in wachsendem Umfang eigene, sogenannte „De-Dro"-Artikel auf den Markt.

Weiterhin wird den Markenartikelherstellern zum Vorwurf gemacht, daß ihre Maßnahmen zur Verhinderung der Abwanderung völlig ungenügend seien, und man stellt daher die Forderung, daß der Fabrikant seine Waren mit Kontrolleinrichtungen versieht (z. B. Numerierung), durch die es möglich wird, ihren Weg bis zum letzten Verbraucher genau zu verfolgen [80]). Die Forderungen haben eine geteilte Aufnahme gefunden. Ein Teil der Fabrikanten war damit einverstanden, der andere Teil nahm überhaupt keine Stellung dazu, wohl deshalb nicht, weil diese Forderung seinen Interessen zuwiderlief. Wir haben aus dem bisherigen Verlauf unserer Untersuchung die Meinung gewonnen, daß sich die Tendenz zur Abwanderung dadurch zwar abschwächen, aber nicht unterdrücken läßt.

C. Die Schaffung von Hausmarken

Wir haben schon einmal das Wesen der Hausmarke umrissen (Seite 5 und 15). Der Händler bezieht die betreffende Ware lose und füllt sie in Packungen ab, die seine eigene Firma tragen. Nirgendwo ist diese Packung sonst erhältlich. Die Gewißheit ist also gegeben: ohne seinen Willen ist eine Abwanderung nicht denkbar. Allerdings bringt diese freiwillige Beschränkung doch auch unerwünschte Nachteile mit sich. Die Hausmarke muß dem Konsumenten unermüdlich angeboten werden. Der Händler muß den Kampf gegen die Markenartikel gleicher Art aufnehmen, für die tagtäglich die Konsumentenwerbung weitergeht. Der Eindruck, den diese Werbung auf den Konsumenten gemacht hat, muß durch die Tätigkeit des Händlers aufgehoben werden. Erst dann ist der Weg für seine Hausmarke frei.

---

[80]) Hartmann, Zur Frage der Abwanderung des kosmetischen Markenartikels. Der Drogenhändler, Eberswalde, 17. April 1930.

Daß ihm dies nicht immer im wünschenswerten Maße gelingt, kann man sich vorstellen. Immer wird er gezwungen sein, neben seiner Hausmarke den oder die führenden Markenartikel vorrätig zu halten, wenn er sie auch nur auf ausdrückliches Verlangen abgibt.

Für den Kauf der Hausmarke kommt demgemäß in erster Linie die Stammkundschaft in Frage. Auch heute noch gibt es viele Geschäfte, die fast ausschließlich mit Stammkundschaft rechnen. Bei den übrigen aber ist die Kundschaft stark fluktuierend. Diese sogenannte Laufkundschaft aber ist mehr auf den allgemein bekannten Markenartikel als auf die zufällige Hausmarke eingestellt.

Diese Erkenntnis hat sich auch in der Händlerschaft Bahn gebrochen. Man suchte daher die zersplitterten Kräfte zusammenzufassen und schritt zur Schaffung eigener Händlermarken, die von der Spitzenorganisation, im Falle des Drogenhandels von der „De-Dro-Zentralgenossenschaft", herausgebracht werden. Hier sind auch die für eine entsprechende Werbung notwendigen finanziellen Kräfte vereinigt. Diese echten Markenartikel sind wohl geeignet, in erfolgreichen Wettbewerb mit den Markenartikeln der Produzenten zu treten.

Noch einen Blick auf die Preispolitik: Sie lehnt sich in allem an diejenige für die bekämpften Markenartikel an. Es bleibt auch der Hausmarke wie der Händlermarke gar nichts anderes übrig, als sich an der für sie bestimmten Stelle in das allgemeine Preisgebäude einzuordnen. Der Gewinn, der dabei herauskommt, kann klein oder groß sein, oder es braucht unter Umständen überhaupt keiner herauszukommen. Auch die Händler nehmen den Preis, den ihnen der Markt zubilligt, und alsbald verstummen alle Erörterungen über Beachtung oder Nichtbeachtung der Gewinnspannen. Man steht im „Dienst an der Menschheit", aber man nimmt ohne Bedenken den Kaufpreis, der einen für diese Dienste geboten wird. Gerade durch die eigenen Marken soll ja ein höherer Gewinnanteil erreicht werden.

a) Schaffung von Hausmarken durch Händler im Kampf gegen Produzenten

Auf ein prägnantes Beispiel haben wir schon hingewiesen: Die Drogisten lassen durch ihre Zentralgenossenschaft eigene Markenartikel auf den Markt bringen. Der Markenartikel des Produzenten soll vom Markenartikel des Händlers verdrängt werden. Die Entwicklung steht hier noch ganz am Anfang. Aber die Fabrikanten, für die die neuen Händlermarken direkte Konkurrenzartikel sind, erfahren dadurch schon heute eine Beeinträchtigung ihres Absatzgebietes. Gerade in den Kreisen der organisierten Fachdrogisten haben die eigenen Händlermarken an Bedeutung gewonnen.

Es ist verständlich, daß die Fabrikanten der Entwicklung der Händlermarken nicht freundlich zusehen, und es ist deswegen auch schon zu Auseinandersetzungen gekommen. Auch solche Produzenten, die ihre Artikel bisher ausschließlich den Fachgeschäften vorbehalten hatten, erklären nun, daß sie durch die Schaffung der Händlermarken gezwungen wären, die Absatzmöglichkeiten auch außerhalb der Fachgeschäfte auszunützen, weil ihnen durch die neue Händlermarke ein Teil des bisherigen Umsatzes weggenommen würde.

Die Antwort der Händlerschaft ist dann meistens die: Nicht unsere Marke war zuerst da, sondern die Abwanderung der Fabrikmarken in die angrenzenden Branchen. Wir sind dadurch so lange geschädigt worden, bis uns nichts anderes übrigblieb, als uns durch die Schaffung eigener Marken zur Wehr zu setzen.

Die Edeka-Genossenschaften haben schon lange ihre eigenen Marken, und auch die Großfilialisten gehen mehr und mehr zu diesem System über. Warenhäuser und Einheitspreisgeschäfte sind zwar gegen den Markenartikel eingestellt, doch kann man schon beobachten, daß auch sie beginnen, eigene Markenartikel zu vertreiben.

Die ursprüngliche Abneigung des Handels gegen den Markenartikel hat sich gewandelt. Nicht die Idee des Markenartikels an sich wird jetzt bekämpft, sondern nur noch der Produzent. Man möchte sich möglichst gänzlich von ihm unabhängig machen und drängt nun seinerseits in die Produktionssphäre vor.

b) Schaffung von Hausmarken durch Produzenten im Einklang mit den Verteilern

Einen besonderen Weg geht die Firma Handke & Bormann, Magdeburg. Sie bietet einerseits Markenartikel der Zuckerwarenbranche mit pharmazeutischem Einschlag an, andererseits aber befindet sich die Firma mit einem Haupterzeugnis im geraden Gegensatz zum Markenartikel, ja, sie bekämpft ihn.

Es handelt sich um Eukalyptusbonbons, deren Verkauf ausschließlich den Fachgeschäften vorbehalten bleibt. Der Fabrikant sucht sich mit seinem Verkaufssystem weitgehend der Mentalität der Drogisten anzupassen. Er bietet ihnen die Ware so an, daß der Verkauf dauernd ihrer Kontrolle untersteht. Man verfiel auf den Gedanken der Hausmarke. Jeder Interessent kann sich unter einer Unmasse von Abfaßbeuteln ein Muster heraussuchen, das dann für den betreffenden Platz nur ihm vorbehalten bleibt. Die Beutel werden mit dem Eindruck seiner Firma versehen; er erhält die dazu gehörige Ware lose geliefert, packt sie in die Beutel ab und verkauft die Packung nun als seine Hausmarke. Dazu erhält er dann noch geeignetes Werbematerial fürs Schaufenster.

Neu ist hier, daß sich der Produzent in eine Reihe mit dem Händler stellt, geschickt seine Schwächen erspäht, um für sich daraus einen Vorteil zu erringen, und ihn anfeuert, den Markenartikel, der von Hinz und Kunz verkauft wird, zugunsten einer eigenen Hausmarke fallen zu lassen. Es bliebe nun nur noch die Frage, was für Erfolge aus diesem Bündnis für den Produzenten zu verzeichnen sind. Wir können lediglich feststellen, daß das Unternehmen vor einigen Jahren in finanzielle Schwierigkeiten geriet und dann in andere Hände überging. Kurze Zeit darauf wurde die gesamte Verkaufsorganisation an die Firma Max Dametz, Zeitz, übertragen, die sie ihrerseits wieder ein Jahr später an die Vestag in Magdeburg abstieß.

Zusammenfassung

Auf dem ganzen Wege unserer Untersuchung hat sich uns immer mehr das Gefühl von der Unentrinnbarkeit des Marktschicksals aufgedrängt. Wir haben den Markenartikel als eine Variation der unzählbaren Erscheinungen des Wirtschaftslebens erkannt.

Je mehr der einzelne Markenartikel an Bedeutung gewinnt, je mehr er einem großen Teil des Wirtschaftslebens das Charakteristikum gibt, desto mehr fällt er in die Abhängigkeit vom Markte zurück, von der er sich in seinen Jugendtagen freimachen wollte. Als er eine einzelne Erscheinung war, hatte er den Erfolg „des wirtschaftlich Zuerstgekommenen" für sich, und es konnte scheinen, als ob der Wille des Marktes sich seinem stärkeren beugen wollte. Da aber bald durch den Wunsch des Konsumenten eine unübersehbar große Zahl ähnlicher Markenartikel entstand, verlor er auch seine Vorzugsstellung, und der Wille des Marktes entschied und entscheidet über sein Schicksal genau so, wie über das eines jeden anderen Gutes auch.

„Der Herr der Produktion ist der Konsument[81]." Nicht der Produzent hat den Markenartikel geschaffen, er hat nur die Wünsche des Konsumenten, die er vielleicht schon in latentem Zustande erkannt hat, verwirklicht. Da ihm hierfür ein hohes Entgelt bewilligt wurde, konnte er doch auf die Dauer keinen Vorteil davon haben, auch wenn der Bedarf nach seinen Erzeugnissen wächst; (denn) „neue Unternehmungen, die sich dann seinem Gewerbszweig zuwenden würden, müssen seinen Gewinn bald auf den Durchschnittsatz ermäßigen[82])." Damit haben wir die weitere Entwicklung gekennzeichnet. Der Markenartikel strebt dem Monopol zu. Er kann es aber nicht erreichen, weil ihm auf dem Wege dazu bald Halt geboten wird.

Und endlich: auch beim Markenartikel haben wir nur einen „normalen" Preis feststellen können. Die Konkurrenz, der Markt sorgen bald dafür, daß die Preise sich dort einordnen, wo sie hingehören. Die freie Wirtschaft, um die es sich bei allen unseren Betrachtungen immer handelte, kennt als einziges Regulativ den Marktpreis. Auch der Markenartikel ist ihm unterworfen.

---

[81]) M i s e s , Ludwig, Die Gemeinwirtschaft, Jena 1922.
[82]) M i s e s , Ludwig, a. a. O., S. 439.

Die Entwicklung des Markenartikels im allgemeinen, wie die des chemisch-pharmazeutischen im besonderen, ist noch nicht abgeschlossen. Gerade gegenwärtig geht diese Entwicklung in die Breite. Der Gang unserer Untersuchung hat uns gezeigt, daß die Vertriebsform einer Ware als Markenartikel den Wünschen und Bedürfnissen des Konsumenten in glücklicher Weise entspricht. Der Konsument wünscht, daß sich seine Verbrauchsgüter der Wandlung seiner geistigen Einstellung zur Umwelt anpassen. Die Markenartikel haben es getan. Der Mensch von heute ist selbstbewußter, als Käufer schneller und entschlossener als der von 1913. Er hat es eiliger, mindestens gibt er vor, keine Zeit zu haben — auch das gehört zum Lebensstil von heute. In allem kommt ihm der Markenartikel entgegen.

So können wir sagen, wie Architektur und Raumkunst, Literatur, Musik, Malerei das Gesicht unserer Zeit widerspiegeln, so finden wir auch in der wirtschaftlichen Erscheinung des Markenartikels die Ausdrucksform des Menschen von heute wieder.

Viele Markenartikel haben nur eine kurze Blütezeit. Neue Modeströmungen setzen neue Markenartikel ans Licht und lassen andere dagegen in Vergessenheit oder in ein unbedeutendes Dasein versinken. Der Konsument von heute ist hungrig nach Abwechslung, seine Wünsche überstürzen sich. Er hat es uniformieren lassen in Kleidung und Geschmack. Dafür verlangt er, daß die Uniformität in immer kürzeren Abständen wechselt. Der Produzent kann nichts anderes tun, als diese Wünsche zu erfüllen.

Die gleiche Erscheinung können wir auf dem Gebiete des kulturellen Lebens beobachten. Auch dort konnte nur das Wenigste eine kurze Mode überdauern. Was vor kurzem noch als wertvoll bezeichnet wurde, ist heute längst vergessen.

Dieses Bild der Gebundenheit des Markenartikels an seine Zeit, an die geltende Wirtschaftsverfassung, von der wieder auch unsere kulturelle Lebenshaltung abhängig ist, haben wir zu zeichnen versucht. Wir wollten nur eine wirtschaftliche Erscheinung darstellen. Immer ist dahinter auch das Leben aufgestanden: Das Leben, das die Wirtschaft so sinnverwirrend vielgestaltig macht, daß sie in keine Schablone zu pressen ist.

Damit sind wir zum Ausgangspunkt unserer Untersuchung zurückgekehrt. Wir haben versucht, das zu tun, was Rieger[83]) in den Worten ausdrückt: Die Privatwirtschaftslehre „findet ihre Grenzen unter allen Umständen am Leben, das sie betrachtet, so wie es sich ihr darbietet, ohne wertend dazu Stellung zu nehmen."

---

[83]) R i e g e r, Wilhelm, a. a. O., S. 70.

Literatur

Aust, Organisation eines Markenartikelunternehmens, Diss. Gießen 1927.
Beyerling, M., Die betriebswirtschaftlichen Probleme der Markenartikelindustrie, Diss. Köln 1931.
Breitfeld, Der deutsche Drogenhandel, 1906.
Fahnenbruch, Verkaufsbetrieb von Markenartikelfabriken, Diss. Gießen 1927.
Findeisen, Franz, Der Markenartikel im Rahmen der Absatzökonomik der Betriebe, Berlin 1924.
Friese, Das Recht am Markenartikel, Königsberg 1930.
Garbaty, M., Der Markenartikel, Diss. Leipzig 1920.
Herzberger, Walter, Der Markenartikel in der Kolonialwarenbranche, Stuttgart 1931.
Hirsch, Julius, Der moderne Handel, seine Organisation und Formen und die staatliche Binnenhandelspolitik, Tübingen 1925.
Hoffmann, A., Wirtschaftslehre der kaufmännischen Unternehmung, Leipzig 1932.
Hüssener, A., Der Preisschutz für Markenartikel und die Ausführungsverordnung über Aufhebung und Untersagung von Preisbindungen, Berlin 1931.
Jahresberichte der Geschäftsstelle des deutschen Drogistenverbandes 1928—1930.
Kallenheim, Albert, Moderne Integrationserscheinungen beim Handel mit Markenartikeln in ihrer volkswirtschaftlichen Bedeutung, Diss. Leipzig 1932.
Lampe, A., Der Einzelhandel in der deutschen Volkswirtschaft, Berlin 1930.
Lehmann, M. R., Allgemeine Betriebswirtschaftslehre, Leipzig 1928.
Lisowsky, A., Qualität und Betrieb, Stuttgart 1928.
Lotze, Emil, Der Markenartikel, Diss. Frankfurt 1920.
Meier, A., Die Probleme des gemeinschaftlichen Einkaufs der Einzelhändler in Haus und Küchengeräten, Eisenwaren, Glas und Porzellan, Stuttgart 1930.
Michligk, Paul, Markenartikelhandbuch, Leipzig 1930.
Mises, Ludwig, Die Gemeinwirtschaft, Jena 1924.
— Liberalismus, Jena 1927.
Nicklisch, H., Handwörterbuch der Betriebswirtschaft, Stuttgart 1928. Artikel Findeisen: Markenartikel. Halberstädter: Typung, Normung, Sonderung. Apothekenbetrieb. Drogeriebetrieb. Chemische Industrie.
Pollert, Ernst, Die Preisbildung bei Markenartikeln und ihre Beziehungen zur Absatzpolitik, Stuttgart 1930.

Rieger, Wilhelm, Einführung in die Privatwirtschaftslehre, Nürnberg 1928.
Schäfer, Erich, Grundlagen der Marktbeobachtung, Nürnberg 1928.
Schulte, H., Der Markenartikel, Diss. Frankfurt 1920.
Sellert, Heinz, Markenartikel und Preispolitik, Diss. Freiburg i. Br. 1927.
Sombart, Werner, Der moderne Kapitalismus, München und Leipzig 1924.
— Das Wirtschaftsleben im Zeitalter des Hochkapitalismus, München und Leipzig 1927.
— Die drei Nationalökonomien, München und Leipzig 1930.
Sommerfeld, H., Betriebswirtschaftliche Arbeiten der letzten 2 Jahre. Archiv der Fortschritte betriebswirtschaftlicher Forschung und Lehre I, Stuttgart 1924.
Szapiro, Josef, Die Theorie der Markenware, Mannheim 1924.
Thiessen, Deutscher Drogistenverband, Geschichte des deutschen Drogistenverbandes von 1873 bis 1926, Berlin 1926.
Vershofen, Wilhelm, Wirtschaft als Schicksal und Aufgabe, Darmstadt 1930.
— Die Marktverbände I., Nürnberg 1928.
— Moderne Absatzformen, Strukturwandlungen der deutschen Wirtschaft, herausgegeben von Bernhard Harms, Berlin 1928.
Vogt, Viktor, Absatzprobleme, Stuttgart 1930.
Weidmann E., und Lauterer, Karl, Der Markenartikel, Zürich 1932.
Wilbrandt, Robert, Der Volkswirt als Berater, Stuttgart 1928.

Zeitschriften und Tageszeitungen.

Bergler, G., Das Marktproblem für die pharmazeutischen Artikel. Z. f. B. 1928, 6.
Doenitz-Stuisberg, Aus der Organisation einer Markenartikelfabrik. Betrieb und Organisation 3, 10.
— Wirtschaftliche Betriebsführung in der Industrie von Markenartikeln. Betrieb und Organisation 3, 3.
Gottschalk, L., Bevormundeter oder freier Markt. Chemisch-technische Zeitschrift 1927, 22.
Isaac, Alfred, Kritik: Rieger, Einführung in die Privatwirtschaftslehre. Z. f. B. 1928, 3.
Lehmann, F., Kritik: Rieger, Einführung in die Privatwirtschaftslehre. Magazin der Wirtschaft 1929.
Michligk, Paul, Was sind Markenartikel? Verkaufspraxis 1927.
Münzer, Guido, Der Handel mit Sanitätswaren. Z. f. B. 1930.
Pietsch, W., Der Sinn des Markenartikels. Verkaufspraxis 1927.
Schäfer, Erich, Betriebswirtschaftslehre — Privatwirtschaftslehre. Z. f. B.
Steindamm, Markenschutzverbände als Preiskartelle. Kartellrundschau 1927.
Tschierschky, Der Preisschutz von Markenartikeln. Zeitschrift für Waren- und Kaufhäuser 1929.
— Der Markenartikel und seine Verpackung. Sonderheft der Technik für alle 1919, 20.
Vershofen, Wilhelm, Kritik: Rieger, Einführung in die Privatwirtschaftslehre. Frankfurter Zeitung, 5. November 1928.
Walb, Ernst, Kritik: Rieger, Einführung in die Privatwirtschaftslehre. Z. f. h. F. 1928, 11.

Allgemeine Automobilzeitung, Berlin.
Berliner Tageblatt, Berlin.
Chemisch-technische Zeitschrift, Berlin.
Das Drogistenfachblatt, Berlin.
Der Drogenhändler, Eberswalde.
Der Fachdrogist, Dresden.
Der Parfümeriehandel, Berlin.
Der Tag, Berlin.
Der Zuckerbäcker, Bernburg.
Deutsche Bergwerkszeitung, Düsseldorf.
Deutsche Handelswacht, Hamburg.
Drogistenzeitung, Leipzig.
Frankfurter Zeitung, Frankfurt.
Keramos Monatsschrift für die gesamte Keramik, Bamberg.
Organisation, Zürich.
Pharmazeutische Zeitung, Berlin.
Süddeutsche Apothekerzeitung, Stuttgart.
Süddeutsche Drogistenzeitung, München.
Zeitschrift für Organisation, Berlin.

LEBENSLAUF

Geboren am 18. Juli 1900 zu Lohr a. Main,
besuchte ich 1907/08 die Volksschule in Windsheim a. Aisch,
1908 die Volksschule in Eschenau b. Gräfenberg,
1908/11 die Volksschule in Schweinfurt a. Main,
1911/13 die Realschule in Schweinfurt a. Main,
1913/15 die Realschule in Nürnberg,
lernte 1915/18 als Kaufmannslehrling in Nürnberg,
war 1918/19 Soldat und
1919/21 Kaufmannsgehilfe,
studierte 1921/24 an der Handelshochschule Nürnberg,
1926/27 an der Handelshochschule Nürnberg,
1929/31 an der Universität Tübingen.
Seit 1925 war ich an leitender Stelle im kaufmännischen Leben tätig.

Herrn Professor Dr. Wilhelm Rieger sage ich Dank für alles, was er mir als Lehrer und Führer gewesen ist.

Georg Bergler:
Veröffentlichungen zum Markenartikel (1928-1970)

Das Marktproblem für die pharmazeutischen Artikel
In: ZfB Zeitschrift für Betriebswirtschaft, Berlin 1928, Heft 6, Seiten 467-473

Die Wirkungen der Mode und des Geschmacks auf den Markenartikel
In: Markt der Fertigware 1930, Nr. 2/3

Zusammenhänge zwischen Beschaffung und Absatz bei pharmazeutischen Markenartikeln
In: ZfB Zeitschrift für Betriebswirtschaft, Berlin 1930, Heft 8, Seiten 629-634

Der Markt für Markenartikel
In: Der Diplom-Kaufmann, Berlin 1930, Nr. 9, Seiten 414-418

Über das Wesen des Markenartikels
In: Die Betriebswirtschaft, Stuttgart 1931, Heft 2, Seiten 47-51

Das Werden des Markenartikels und seine Rolle in der Wirtschaft
In: Der Ansporn, Hamburg 1931, Nr. 9/10

Der Markenartikel in der Süßwarenindustrie
In: Der Zuckerbäcker, Bernburg 1932, Nr. 51

Der Markenartikel in der Schokoladenfabrik
In: Der Zuckerbäcker, Bernburg 1933, Nr. 14

Die Abwanderungstendenzen der Süßwaren
In: Der Zuckerbäcker, Bernburg, 13. Juli 1933

Soll der Drogist Krawatten verkaufen? Neues zum alten Thema »Abwanderung«
In: Das Drogistenfachblatt, Berlin 1933, Nr. 32

Über die Zukunft des Markenartikels
In: Die deutsche Fertigware, Stuttgart 1933 (5. Jg.), Heft 5, Teil B, Seiten 151-156

Die Absatzorganisation für den Markenartikel
In: Die Betriebswirtschaft, Stuttgart 1933, Heft 6, Seiten 151-156

Die Bedeutung des Markenartikels für den Fachhandel
In: Deutsche Handelswarte, Nürnberg 1933, Nr. 17. Seiten 454-460

Qualitätsförderung – Gütezeichen – Markenartikel
In: Scherls Informationen, Berlin 1933, Nr. 98, Seiten 1-3

Der Süßwarenmarkenartikel in der Konditorei
In: Konditorzeitung, Trier, 24. Okt. 1933

Konsument und Markenartikel
In: Der praktische Betriebswirt, Berlin 1933, Nr. 11, Seiten 822-830

Der chemisch-pharmazeutische Markenartikel. Darstellung des Wesens, der Absatzformen und des Kampfes um den Markt
Stuttgart 1933, IX und 99 Seiten
Dissertation, Württembergische Eberhard-Karl-Universität Tübingen 1931

Der kosmetische Markenartikel
In: Die Betriebswirtschaft, Stuttgart 1933, Heft 12 und 1934, Heft 1

Das Schrifttum über den Markenartikel
Deutscher Betriebswirte-Verlag, Berlin 1934, ca. 350 Quellenangaben; Nachtrag 1 1935, Nachtrag 2 1936, 2. erw. Auflage 1940, 3. erw. Auflage 1950 (in: Der Leitfa-

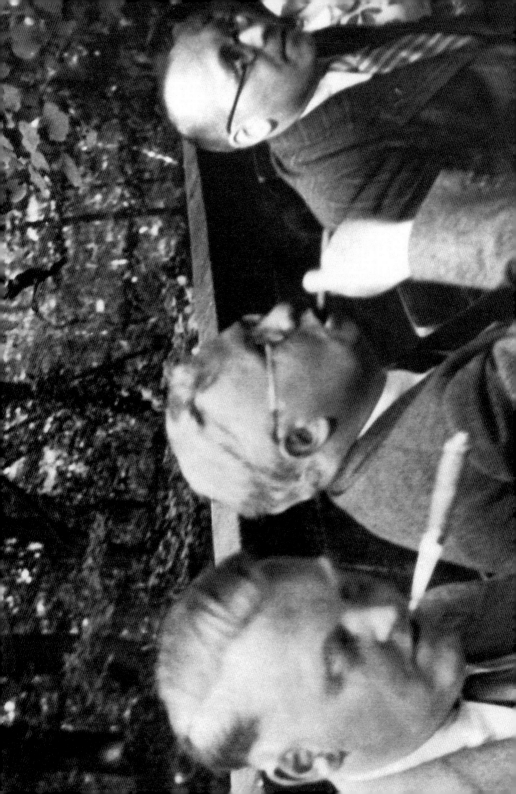

den für Presse und Werbung, Willy Stamm Verlag, Essen) und jährliche Nachträge 1951-1967

Rationalisierung des Vertriebs durch den Markenartikel
In: ZfB Zeitschrift für Betriebswirtschaft, Berlin 1934, Heft 1, Seiten 125-127

Qualitätssicherung, Markenartikel und Leipziger Messe
In: Die deutsche Fertigware, Stuttgart 1934, Heft 2, Teil A, Seiten 21-27

Die Qualitätsgarantie des Markenartikels
In: Der Konfektionär, Berlin, 15. Febr. 1934

Die neuzeitliche Vertriebsform für Qualitätswaren
In: Neudeutsche Wirtschaftsrundschau, Berlin, 1. April 1934

Markenware und Handel
In: Der Markenartikel, Berlin 1934 (1. Jg.), Heft 1, Seiten 2-5

Götterdämmerung des Markenartikels
Ausführungen zu der 1934 vom Berliner Werberater Hanns W. Brose vorgelegten 60-seitigen Schrift »Götterdämmerung des Markenartikels? Neue Wege zu neuen Käufern«
In: Die deutsche Fertigware, Stuttgart 1934, Heft 8, Teil A, Seiten 115-120

Gütezeichen für Markenartikel?
In: Die deutsche Fertigware, Stuttgart 1934, Heft 10, Teil A, Seiten 149-153

Die gegenwärtige Lage des Markenartikels und seine Entwicklungstendenzen
In: Der praktische Betriebswirt, Berlin 1935, Heft 4, Seiten 317-325

Ludwig Erhard, Wilhelm Vershofen und Georg Bergler

Institutsfest der Gesellschaft für Konsumforschung am 12. Juni 1937 auf der »Alte Veste« bei Nürnberg

Wesen und Verpflichtung des preisgebundenen Markenartikels
In: Der Markenartikel, Berlin 1935, Heft 5, Seiten 115-121

Die Werbung für den Markenartikel
Vortrag auf dem 1. Deutschen Betriebswirtschafter-Tag; in: Der praktische Betriebswirt, Berlin 1935, Heft 6, Seiten 548-554

Zur Problematik des Markenartikels
In: Wirtschaftsblatt der Industrie- und Handelskammer zu Berlin, 27. Juni 1935, Seite 1260

Der Markenartikel, die moderne Vertriebsform für Fertigwaren
In: Der praktische Betriebswirt, Berlin 1935, Heft 9, Seiten 875-885

Die Markenware im deutschen Außenhandel
In: Der praktische Betriebswirt, Berlin 1935, Heft 12, Seiten 1267-1269

Die Bedeutung des Markenartikels für den Export
In: Der Ansporn, Hamburg, 6. Dez. 1935

Der Markenartikel im deutschen Außenhandel
In: Der Markenartikel, Festausgabe zur Jahreshauptversammlung des Markenschutzverbandes, Berlin, 18. Febr. 1936, Seiten 18-22

Um den Markenartikel
In: Der praktische Betriebswirt, Berlin 1936, Heft 4, Seiten 449-451

Wertarbeit und Markenartikel
In: Deutsche Handelswarte, Nürnberg 1936, Heft 12, Seiten 358-362 und Heft 14, Seiten 420-424 und Heft 17, Seiten 517-520

Marktordnung und Markenwesen
In: Die deutsche Fertigware, Berlin 1937, Heft 1, Teil A, Seiten 22-28

Pharmazeutische und chemische Erzeugnisse
Zeugnisse deutscher Wertarbeit, dargestellt am Beispiel der Schering-Kahlbaum AG, Berlin
In: Deutsche Handelswarte, Nürnberg 1937, 2. Maiheft ▶

Das Schrifttum über den Markenartikel III. Nachtrag
In: Der praktische Betriebswirt, Berlin 1937, Nr. 12, Seiten 987-993

Markenware und Markenartikel auf der Leipziger Messe
In: Seidels Reklame – Werben und Verkaufen, Berlin 1938, Heft 2, Seiten 57-59

Das Schrifttum über den Markenartikel IV. Nachtrag
In: Der praktische Betriebswirt, Berlin 1939, Nr. 5, Seiten 432-438

Der Markenartikel im Rahmen der industriellen Absatzwirtschaft
In: Marktwirtschaft und Wirtschaftswissenschaft; eine Festgabe aus dem Kreise der Nürnberger Schule zum 60. Geburtstag von Wilhelm Vershofen; Hrsg. von Georg Bergler und Ludwig Erhard. Deutscher Betriebswirte-Verlag, Berlin 1939, Seiten 233-284

Freie Preise und gebundene Preise vom Standpunkt des Verbrauchers
In: Der praktische Betriebswirt, Berlin 1940, Nr. 4, Seiten 152-162

Pharmazeutische Markenwaren
In: Industrie, Blätter der Frankfurter Zeitung für Technik und Wirtschaft, 31. Dez. 1941

Der Markenartikel im Rahmen der industriellen Absatzwirtschaft
In: Der Markenartikel, Berlin 1942; Heft 6, Seiten 133-140; Heft 9, Seiten 203-211; Heft 10, Seiten 232-236; Heft 12, Seiten 283-292

Georg von Eyck – ein Pionier des Markenartikels. Zugleich ein Beitrag zur Geschichte des Markenartikels
In: Der Markenartikel, München und Berlin, 1944, Heft 3/4, Seiten 33-36

Der Markenartikel im Urteil des Händlers
Vortrag anlässlich der Gründungsversammlung des Markenverband e.V. am 10. März 1948 in Rüdesheim: Ergebnisse einer Händler-Befragung aus dem Juli 1939
In: Mitteilungen des Markenverbandes, Wiesbaden 1948, Nr. 2, Seiten 8-15

Hanns W. Brose und Georg Bergler
Werbekongress Frankfurt/M. 1954

Der Markenartikel zwischen Handel und Verbraucher
In: Handelsblatt, Sonderbeilage »Der Markenartikel im Wiederaufbau«, Düsseldorf, 14. Jan. 1949

Wo steht der Markenartikel heute?
In: Der Markenartikel, München 1953, Heft 10, Seiten 499-506

Gestaltwandel des Markenartikels
In: Jahrbuch der Absatz- und Verbrauchsforschung, Nürnberg 1955, Heft 3, Seiten 157-195

Der Markenartikel als Ordnungs- und Rationalisierungsprinzip in der Absatzwirtschaft
In: ZfB Zeitschrift für Betriebswirtschaft, Wiesbaden 1956, Heft 1, Seien 15-25; und: die absatzwirtschaftlich, Nürnberg 1956, Heft 3, Seiten 1-12

Der Markenartikel in der modernen Wirtschaft
In: Der Volkswirt, Beiheft »Markenartikel-Industrie«, Frankfurt 1956, Nr. 31, Seiten 8-10

Gestaltwandel des Markenartikels
In: Georg Bergler; Beiträge zur Absatz- und Verbrauchsforschung, Nürnberg 1957, Seiten 17-67

Verdrängt die Händlermarke den Markenartikel?
Diskussionsleitung; in: Tagungsbericht der Absatzwirtschaftlichen Gesellschaft e.V., Nürnberg 1958

Arzneimittelmarkt und Preisbindung der zweiten Hand
In: Die pharmazeutische Industrie, Aulendorf 1958, Nr. 10   ▶

Georg Bergler und Gustav Schickedanz
GfK-Tagung 1968

Markenartikel
In: Handwörterbuch der Sozialwissenschaften, Stuttgart-Tübingen-Göttingen 1959/1961, Siebter Band, Seiten 125-131

Mode und Marke. Wandel der Absatzmethode
In: textil-schnell-report, Berlin-Düsseldorf 1960, Nr. 39

Der traditionale Markenartikel
In: die absatzwirtschaft, Düsseldorf 1960, Dezember-Heft

Das Schrifttum über den Markenartikel
4. Auflage, Nürnberg 1960, Schriftenreihe der GfK »Marktwirtschaft und Verbrauch«, Band 12, 332 Seiten

Die verzauberte Marke
Rezension der Bücher von Werner Suhr: »Die verzauberte Marke« und »Markenartikel – Trumpf auf allen Märkten« in: Jahrbuch der Absatz- und Verbrauchsforschung, München 1962, Heft 3/4, Seiten 290-293

Rohstoffmarke und Produktdifferenzierung in der Textilwirtschaft
In: Jahrbuch der Absatz- und Verbrauchsforschung, Nürnberg 1965, Heft 1, Seiten 9-26

Georg von Eyck – ein Pionier des Markenartikels. Zugleich ein Beitrag zur Geschichte des Markenartikels
In: Jahrbuch der Absatz- und Verbrauchsforschung, Nürnberg 1965, Heft 3

Der Massenartikel Bleistift
In: Jahrbuch der Absatz- und Verbrauchsforschung, Nürnberg 1965, Heft 4

Werkleute. Die Baumeister der GfK
Begegnungen mit »hervorragenden Männern aus Wirtschaft und Wissenschaft«, u.a. mit den Markenartiklern Willy Hillers, Rudolf Asbach und Reinhold Krause
Frankenverlag Lorenz Spindler, Nürnberg 1965, 160 Seiten

Abschiedsvorlesung »Der Mensch in der Wirtschaft«
Mit Verweisen auf Berglers Beschäftigung mit dem Markenartikel als Forscher, Lehrer und Wirtschaftspraktiker
28. Juli 1966 in Nürnberg, Privatdruck von 1.000 Exemplaren; ferner in: Jahrbuch der Absatz- und Verbrauchsforschung, Nürnberg 1967, Heft 3, Seiten 327-360 ▶

»Mein Ausgangspunkt ist nicht die Wirtschaft oder die Unternehmung, wie leicht vermutet werden könnte. Im Zentrum meiner Anschauung steht vielmehr der Mensch.«

»Wer bist du, Mensch? Das ist die große und unablässige Frage.«

»Der Mensch ist eben nicht der Verbraucher, sondern der Mensch, auch wenn er verbraucht.«

»Der Mensch tritt uns in seiner ganzen Menschlichkeit entgegen. Wir mögen noch so scharf und logisch denken können, damit werden wir ihn trotzdem nicht einfangen. Aber wenn man alles erreichbare Material geduldig überprüft, läßt sich vielleicht doch einiges erkennen.«

Abschiedsvorlesung »Der Mensch in der Wirtschaft«

Abschiedsvorlesung von Georg Bergler am 28. Juli 1966 in Nürnberg
Erste Reihe: in der Mitte Georg Bergler
rechts Sohn Rolf Bergler, Ehefrau Marie Bergler, links Grete Schickedanz
Im Publikum u.a.: Rudolf Bossle, Hanns W. Brose, Horst H. Habisreitinger, Gerhard Hoffmann, Hans Moser, Ernst Neuhoff, Walter Scheele, Manfred Schütte, Rudolf Stilcken, Theodor Vogel, Werner Ziefle

Das werbende Etikett auf Zündholzschachteln
In: Jahrbuch der Absatz- und Verbrauchsforschung, Nürnberg 1967, Heft 4

Schreibste mir ... MK-Papier
In: Jahrbuch der Absatz- und Verbrauchsforschung, Nürnberg 1968, Heft 2

Der Markenartikel
In: Georg Bergler; Absatz. Materialien für eine Absatzlehre. Schriftenreihe der GfK »Marktwirtschaft und Verbrauch«, Band 28, Nürnberg 1968, Seiten 166-174

Der Markenartikel als Ordnungsprinzip
In: Georg Bergler; Absatz. Materialien für eine Absatzlehre. Schriftenreihe der GfK »Marktwirtschaft und Verbrauch«, Band 28, Nürnberg 1968, Seiten 175-190

Die traditionale Marke
In: Georg Bergler; Absatz. Materialien für eine Absatzlehre. Schriftenreihe der GfK »Marktwirtschaft und Verbrauch«, Band 28, Nürnberg 1968, Seiten 191-199

Rohstoffmarke und Produktdifferenzierung
In: Georg Bergler; Absatz. Materialien für eine Absatzlehre. Schriftenreihe der GfK »Marktwirtschaft und Verbrauch«, Band 28, Nürnberg 1968, Seiten 200-221

Werben ist eine Kunst. Geschichte und Gestalt der Werbung für einen klassischen Markenartikel: Asbach Uralt
Verlag F. Bruckmann, München 1969, 241 Seiten

GfM Schweizerische Gesellschaft für Marketing, 19. Oktober 1965 in Zürich

René Richardet,
GfM-Präsident 1962–1966
Georg Bergler, Gastreferent
Peter Kaufmann
GfM-Gründungspräsident 1941–1961

Männer und Werke
Erster Teil: **Männer**. Begegnungen u.a. mit den Markenartiklern Rudolf Asbach, Max Pauli, Karl Christian Birkel, Karl Rolle, Gregor Wolf, Gerhard Hoffmann, Ewald Kipper, Hugo Theunert und Reinhold Krause.
Zweiter Teil: **Werke**. Jubiläumsreden – 100 Jahre Bast AG (1955), 100 Jahre Schwan-Bleistiftfabrik AG (1955), 50 Jahre Wolf-Geräte GmbH (1962), 50 Jahre Bauknecht GmbH (1969) und 100 Jahre Bayerische Landesgewerbeanstalt (1969).
Privatdruck Nürnberg 1970, 255 Seiten.

Emil Hegemann, Georg Bergler und Herbert Gross

anlässlich der Verleihung des Hegemann-Preises 1966 an Peter F. Drucker

---

Diese Zusammenstellung stützt sich auf die folgenden Quellen: (1) Bibliographie »Veröffentlichungen von Georg Bergler«, die Gertraud Sailer für die Festschrift »Der Mensch im Markt« zum 60. Geburtstag von Georg Bergler erstellt hat, Duncker & Humblot, Berlin 1960, Seiten 447-464; (2) Zusammenstellung »Das Schrifttum über den Markenartikel« von Georg Bergler, 4. Auflage, Nürnberg 1960, Schriftenreihe der GfK »Marktwirtschaft und Verbrauch«, Band 12, 332 Seiten; (3) Artikel »Die wissenschaftlichen Veröffentlichungen von Georg Bergler«, die Ludwig Hülf im »Jahrbuch der Absatz- und Verbrauchsforschung«, Nürnberg 1970, Heft 2, Seiten 95-117 veröffentlichte; (4) Nachweise in der Datenbank der G·E·M, (5) eigene Recherchen.

Wolfgang K.A. Disch

Veröffentlichungen der G·E·M

**Die Entwicklung des Markenwesens
Von den Ursprüngen bis zum Beginn
der fünfziger Jahre**
Dissertation von Eugen Leitherer (1954),
137 + XVIII Seiten
G·E·M Reprint 1988, 13,80 €

**Marken und Markenartikel als
Instrumente des Wettbewerbs**
hrsg. von Erwin Dichtl und Walter Eggers,
14 Autoren
Verlag C.H. Beck, München 1992,
327 Seiten, 35,00 €
Unterstützt durch die G·E·M

**Markterfolg mit Marken
Zehn Fallbeispiele zur Markenführung**
vorgestellt von 23 Autoren aus Wissenschaft und Praxis
hrsg. von Erwin Dichtl und Walter Eggers
Verlag C.H. Beck, München 1996,
229 Seiten, 35,00 €
Unterstützt durch die G·E·M

**Erfolgsfaktor Marke
Neue Strategien des Marken-Managements**
zu 14 Themen schreibt jeweils ein Autorengespann, ein Wissenschaftler und ein Praktiker
hrsg. von Richard Köhler, Wolfgang Majer, Heinz Wiezorek
Verlag Vahlen, München 2000, 350 Seiten,
38,00 €
Im Auftrag der G·E·M

**Die Gewinnung des öffentlichen Vertrauens.
Ein Lehrbuch der Markentechnik**
von Hans Domizlaff
Buch-Verlag Marketing Journal GmbH, Hamburg
7. Aufl. 2005, XX + 352 Seiten, 34,60 €
Unter dem Patronat der G·E·M

**Was ist eine Marke?
Aktualisierung der Markendefinition**
Prof. Dr. Manfred Bruhn und G·E·M
Eigenverlag, Wiesbaden 2002, 18 Seiten

**G·E·M Markendialoge
Dokumentationen**
1997: Markenloyalität, Markentreue
(vergriffen)
1998: Strategien zur Schaffung und Erhaltung von Markenloyalität, 157 Seiten
1999: Warum sind Marken erfolgreich?
133 Seiten
2000: Marktdurchdringung durch Markenpolitik, 137 Seiten
2001: E-Communication und Marken,
199 Seiten
2002: Wertorientierte Markenführung versus shareholder value? 173 Seiten
2003: Markenkommunikation auf dem
Prüfstand, 145 Seiten
2004: Marke: Erfolgsfaktor auch in
Zukunft? 219 Seiten
2005: Wie entstehen starke Marken?
177 Seiten
2006: Wo lauern Gefahren für die Marke?
116 Seiten
Eigenverlag, Wiesbaden, jeweils 10,00 €

Detaillierte Informationen zu den genannten Veröffentlichungen gibt es im G·E·M Book Shop (www.gem-online.de/books).
Dort können die Titel auch online bestellt werden.

G·E·M Gesellschaft zur Erforschung des Markenwesens e.V.
Schöne Aussicht 59, 65193 Wiesbaden
Tel.: 06 11/58 67 34
Fax: 06 11/58 67 32
Internet: www.gem-online.de
eMail: info@gem-online.de